일의 습관

최고의 성과를 내는 시간관리의 기술

일의 습관

이다 요시히로 지음 | 김정환 옮김

Time Management :
Planning & Scheduling

시원
북스

아무도 당신에게 제대로 된
시간관리 방법을 알려주지 않았다

좀 더 쉽게 성과를 낼 수 없을까?

마감에 쫓기지 않고 여유 있게 일할 수 없을까?

야근하지 않고 정시에 퇴근하면 얼마나 좋을까?

직장인이라면 누구나 이런 생각 한두 번쯤은 한다. 뭔가 변화가 필요하다는 생각에 수첩에 일정을 적고 정리해보지만 얼마 지나지 않아 포기, 이번에는 할 일 목록을 만들어 관리하자는 생각에 'to-do list'를 적어보지만 '해야 할 일 목록'이 아닌 '해야 하지만 못한 일 목록'이 되고 만다.

시간관리가 제대로 안 되는 이유는 내 의지가 약한 탓일까?

아니다. 내 의지 탓만이 아니다. 아무리 의욕이 있어도 내 생각처럼 되지 않는 경우는 회사라는 조직 안에서 얼마든지 일어날 수 있는 일이다.

죽어라 일했는데 제 시간에 끝내지 못했다.
갑자기 변수가 생겨 일정이 꼬이고 말았다.
조급한 마음에 서두르다 실수를 저질렀다.
결국 마감보다 늦게 제출하고 말았다.

목표를 향해 전전긍긍하며 열심히 달렸는데 일정에 쫓겨 식은땀을 흘리고 좌절하는 사람들. 아, 도대체 우리에게 왜 이런 일이 일어나는 것일까?

열심히 한다고 성과가 나오지 않는다

좀 더 큰 차원에서 이야기하면 일의 방식과 현실 사이에 약간의 괴리가 있다. 예전에 비해 일의 양은 늘었다. 그런데 여전히 옛날 방식으로 일하기 때문에 새로운 상황에 적응하기 어렵다.

다 아는 것처럼 무조건 열심히 한다고 성과가 나오는 시대는 지났다. 성과로 연결되지 않는 불필요한 일은 안 하는 편이 낫다. 그러려면 요즘 시대에 맞는 일의 방식을 배워야 한다.

아니, 사실 내가 노력이 부족해서….
만일 그렇게 생각한다면 조금 까칠한 이야기지만 대단한 착각이라 말해주고 싶다. 정말 당신의 노력이 부족했기 때문일까? 누가 당신에게 언제 한번 제대로 된 시간관리 방법을 알려준 적은 있었나?

나는 외국 기업에서 효율적인 시간관리 방법을 배웠다

나는 현재 일본에 있는 외자계 기업 파로 테크놀로지스에 다니고 있다. 파로는 세계 최고의 고정밀도 3D 측정 기술로 유명한 기업이다. 나는 이곳으로 옮긴 뒤에야 비로소, 장시간 일하는 방식은 '글로벌하지' 않다는 사실을 실감했다.

'한정된 시간' 안에 '할 일'을 하고 '성과'를 낼 것!

이것이 외국 기업에서 직원에게 요구하는 것이다. 일본 기업의 사고방식과는 근본적으로 다르다. 일본의 전통적인 기업 문화는 시간 효율이 떨어지는 한이 있더라도 제품력, 즉 '품질'에 집착한다. 집착, 집착… 그래서 나는 이런 각종 집착에서 벗어나 새롭게 태어나야 했다.

다행히도 내게는 프로젝트 관리 경험이 있었다. 프로젝트를 진행하면서 팀 업무를 일정대로 진행시키는 노하우를 가지고 있었던 것이다.

또한 미국에서 공부할 때 외국 사람들과 함께 생활한 적이 있어서 그들의 일하는 사고, 일하는 방식을 잘 알고 있었다.

나는 이러한 경험과 정보를 최대한 살려 업무 계획 방식을 근본적으로 검토하고 실행하면서 개선해나갔다.

그 결과 일본뿐 아니라 한국, 동남아시아, 오세아니아 지역의 마케팅 책임자가 되었고, 지금 당신이 내 책을 읽고 있듯이 원고 집필은 물론 마케팅 포털 사이트 운영 등 다양한 도전을 할 수 있었다.

무리한 계획은 계획이 아니다

업무 일정 계획과 관리 방식을 개선하는 과정에서 그전까지 내가 크게 잘못 생각하고 해오던 것들이 있음을 발견할 수 있었다. 당신도 해당하는 내용이 있는지 체크해보라.

다음은 시간관리를 망쳐 나를 힘들게 했던 7가지 원인이다.

1. 애초부터 무리한 일정을 짠다.
2. 부탁받은 일을 우선시한다.
3. 멀티태스킹은 기본, 한 가지 일에 집중하지 못한다.
4. 작업 시간을 확보하지 않고 '할 일 목록'을 쌓아놓는다.
5. '가능하면 빨리'와 같이 기한을 불명확하게 잡는다.
6. 작업에 필요한 자료나 정보를 계속 찾는다.
7. 결과물이 의뢰받은 것과 달라서 다시 하느라 시간을 낭비한다.

말도 안 되는 일정 계획부터 했던 일 또 하는 삽질까지 그동안 대체 어떤 정신으로 일한 것일까? 뿌리를 뽑지 않으면 큰일 날 판이었다. 어쩌지, 열심히 하자! 하지만 그렇게 마음을 다잡는다고 해결될 리 없다.

놀라운 일은 그때부터였다. 문제를 파악하기 전후는 많이 달랐다. 잘못된 것을 바로잡으면서 근무 시간 중에 일에 더 몰두할 수 있었고, 눈에 보이는 성과가 나타났고, 바쁜 와중에도 시간의 틈을 비집고 '여유'가 찾아왔다.

시간관리에 성공하기 위한 열쇠는 결코 노력과 정신력이 아니다. 시간을 낭비하지 않고 합리적으로 일하는 방법, 그렇게 못하는 이유와 잘하게 되는 요인, 나에게 돌아오는 성과와 보답이 얼마나 더 큰지 깨달았을 때 가능하다.

업무 효율을 높이고 시간적 여유를 가져오는 시간관리, 나처럼 당신도 할 수 있다!

Contents

프롤로그   아무도 당신에게 제대로 된 시간관리 방법을 알려주지 않았다   004

1장 왜 항상 시간이 부족할까?
– 시간관리가 잘 안 되는 이유

01   일을 몰아서 하는 습관, 미리 하는 습관의 차이는 바로 이것!   019

02   일정이 조금 늦어도 문제가 없을 거라는 자기 중심적인 생각   024

03   빡빡한 일정표는 지키지 못할 약속, 처음 계획의 1.5배가 좋다   028

04   "내가 잊어버렸다면 그 일이 그만큼 중요하지 않다는 거야"   032

05   일의 목적이 무엇인지 알지 못한 채 무조건 열심히 한다   035

06   본질에 집중하고 있는지, 본질에서 멀어졌는지 알아차려라   040

07   제대로 된 시간관리가 효율성을 높이고 최고의 성과를 만든다   043

2장 멀티태스킹은 중독이다
– 효율을 떨어뜨리는 업무 전환

01   간단한 테스트를 통해 알 수 있는 멀티태스킹의 역효과   049

02   한 번에 많은 일을 처리라면 뇌는 엄청난 비용을 치른다   053

03   스탠퍼드대 연구 결과 "지나친 멀티태스킹은 뇌세포를 파괴한다"   057

04   우선순위가 가장 높은 일에 당신의 시간과 노력을 투자하라   061

05   "그 파일을 어디다 뒀더라?" 필요한 자료를 찾는 시간도 아끼자   064

06   능동적으로 일정을 조정하면 업무 전환과 피로를 줄일 수 있다   067

07   미팅 시간은 넉넉히 기본 1시간? 업무 시간의 고정관념을 바꿔라   072

3장 업무의 시작은 '분류'에서 출발한다
– 자주 놓치는 '작업 분류'의 중요성

01 디지털 캘린더는 시간관리에 들어가는 시간과 노력을 줄인다   081

02 당신의 R&R과 거리가 먼 일을 정리하면 '진짜 일'이 보인다   086

03 바로 처리해야 할 일을 미루면 지연된 시간만큼 이자가 붙는다   092

04 정보와 자료를 정리하는 작업 보관소는 적을수록 좋다   097

05 작업 분류 시간을 확보해 불필요한 일을 줄이자   099

06 일의 목적을 '명사형'으로 정리하면 방향이 분명해진다   101

07 "오늘은 해야 할 일을 끝내고 반드시 정시에 퇴근하겠어!"   104

08 고수는 새의 눈, 곤충의 눈, 물고기의 눈으로 바라본다   108

4장 시간관리는 과학이다
– 우선순위와 합격 라인 공식

01 시간관리가 당신의 역량과 신용 평가의 기준임을 명심하자   117

02 일의 우선순위는 마감일로부터 일정을 역산해 결정한다   120

03 일찍 끝내는 습관을 들이면 더 이상 마감이 두렵지 않다   124

04 품질이냐 속도냐? 합격 라인에 정확히 맞추는 법   128

05 어렵게 느껴져 엄두가 안 나는 일은 작게 나누는 것이 포인트!   136

06 잘못된 시간관리는 기대에 부응하고 싶은 마음에서 비롯된다   139

07 "그 일 어떻게 되고 있지? 왜 이렇게 시간이 오래 걸리나?"   142

08 일단 뜨겁게 시작하라! 완벽한 결과보다 중요한 건 과정이다   145

Contents ────────────────────────────────────

09 시간관리를 잘하는 사람은 미팅과 회의도 효율적으로 한다   148

5장 **결국 일은 사람과 관계의 문제다**
     – 타인에게 휘둘리지 않는 시간관리술

01 당신도 모르는 사이에 시간을 뺏기는 상황에서 벗어나라   155

02 다른 사람으로부터 자발적인 협조를 이끌어내는 관계 유지법   158

03 승낙과 거절의 판단 기준이 쌓이면 당신만의 규칙이 생긴다   162

04 검토와 고민이 필요한 문제는 시간을 정해놓고 결정한다   164

05 일 잘하는 사람은 상사와 자주 소통하며 조언을 구한다   166

06 적절한 타이밍에 적절한 방법으로 신속하게 소통하자   169

07 미팅 보고서와 회의록은 빠르게 작성해 공유한다   171

08 사람 때문에 기분이 상했다면 차분하게 마음을 정리하자   174

6장 **책상은 당신의 머릿속을 비추는 거울이다**
     – 업무 효율을 높이는 자료 정리법

01 당신의 작업 보관소는 모두 몇 개인가?   181

02 작업 보관소를 최소한으로 줄이는 가장 쉬운 방법   184

03 "어디에 메모했더라? 분명 여기에 적어둔 것 같은데"   189

04 파일은 단순하게 보관하고 긴급도에 따라 색을 정하자   191

05 메일 검색 기능을 활용해 원하는 정보를 빠르게 얻는 법   194

06 받은 편지함에서 가장 먼저 대응해야 할 이메일은 무엇일까?   197

07 컴퓨터 폴더와 파일 관리에서 검색 기능으로 수고를 줄이자   203

08 책상에는 컴퓨터와 전화 등 최소한의 필수 용품만 놓는다   208

7장 효율적인 시간관리는 디테일이다
– 작은 차이가 만드는 초격차

01 일 잘하는 사람을 만났다면 당신의 성장 기회로 삼자   212

02 오전과 오후, 언제 무엇을 하느냐에 따라 성과가 달라진다   218

03 집중력을 최대로 끌어올릴 때는 '타이머'를 이용하라   221

04 일도 게임처럼 목적과 과제, 규칙을 정하면 의욕이 달라진다   224

05 모르는 것이 있을 때는 전체 개요를 파악하고 핵심 정보를 찾아라   227

06 당신의 구글링 능력은? 검색을 활용해 창의적으로 일한다   231

07 컴퓨터 좀 아는 사람' vs. '컴퓨터 잘 모르는 사람'의 격차 줄이기   233

08 퇴근하기 전에 하루를 정리하며 복습과 예습을 한다   239

8장 확인하고, 확인하고, 또 확인하라!
– 일 잘하는 사람들이 감추고 쓰는 '일 센스'

01 비효율적인 "다시 해 오게"를 막는 스마트한 목표 설정 방법   247

02 MECE와 WBS를 활용해 목적 달성에 꼭 필요한 작업을 확인하자   250

03 팀과 프로젝트 업무의 시작부터 종료까지 간트 차트로 한눈에   254

Contents

04   업무 전체의 흐름을 파악하고 작업 순서와 프로세스를 지킨다   257

05   리스크 관리의 포인트는 빠른 속도와 타이밍이다   260

06   신속한 업무 진행을 위해 3가지 'WHAT'을 반드시 검토하라   263

07   당신에게 '당연한' 것이 누군가에게는 '당연하지 않을' 수 있다   266

08   신속한 메시지 공유와 정확한 의사소통을 위한 4가지 원칙   269

9장 우리의 시간은 돈보다 더 귀하다!
– 최소한의 노력으로 최대 성과를 만드는 법

01   시간을 어떻게 이용하느냐에 따라 당신이 만드는 가치가 달라진다   279

02   시간과 가치를 기준으로 '단시간에 부가가치를 낳는 업무'로 채워라   283

03   ECRS 원칙, 최소한의 노력으로 최대한의 효과를 거둘 수 있다   287

04   이상적인 일정과 현실적인 일정을 비교하고 원인을 분석하라   290

05   당신의 일정표에 성과를 기록해서 자신을 긍정적으로 바라보자   295

06   '한정된 시간' 안에 '할 일'을 하고 '성과'를 낼 것!   297

에필로그   당신의 시간관리 능력을 꾸준히 업데이트하라!   302

1장

왜 항상 시간이 부족할까?

- 시간관리가 잘 안 되는 이유

- [ ] 의욕만으로 일하려고 한다.
- [ ] 안 하면 혼날 거라는 생각이 행동의 밑바탕에 깔려 있다
- [ ] 다른 사람들과 효과적으로 일할 방법을 생각하지 않는다.
- [ ] 일정을 빽빽하게 채운다.
- [ ] 일정 속에 빈 시간을 만들어놓지 않는다.
- [ ] 자신의 기억에 지나치게 의존한다.
- [ ] 잊어버렸을 때 기억을 떠올리게 해주는 방법이 없다.
- [ ] 일의 핵심을 모른 채 업무를 진행한다.
- [ ] 하나부터 열까지 혼자 다 하려고 한다.
- [ ] 할 필요가 없는 일을 한다.
- [ ] 무엇에 시간을 썼는지 의식하지 않는다.
- [ ] 근성이나 기합으로 자신을 바꾸려고 한다.
- [ ] 업무 일정을 능숙하게 관리하는 자신을 상상하지 못한다.

01

일을 몰아서 하는 습관,
미리 하는 습관의 차이는 바로 이것!

● ● ●　　아직 시간이 있으니까 괜찮아.

오늘은 일할 의욕이 전혀 나지 않아.

아, 일할 기분이 정말 아니야.

아직은 시간 여유가 있고, 의욕은 나지 않고 기분도 영 아니다.

물론 사람이니까 그럴 수 있다. 하지만 그러다가 이렇게 말해본

경험, 많이들 있을지 모른다. "난리 났네. 난리 났어. 망했다…

아무래도 이번 생은 안 되겠어."

할 일이 있는데 귀찮아서 미룬다. 시간 있을 때 미리 좀 하지 핑계를 대다가 기한이 코앞에 다가오니까 부랴부랴 난리를 친다. 하지만 이 역시 일의 방식이다. 모로 가도 서울만 가면 된다.

기한이 코앞으로 다가올 때까지 일에 손을 대지 않는다? 대부분 어릴 적부터 해온 습관이다. 방학 숙제를 개학 직전 허둥지둥 해본 적 있다? 있다면 거의 확실하다. "난리 났네. 난리 났어. 망했다… 아무래도 이번 생은 안 되겠어."

같은 패턴이다. 숙제를 허둥지둥하고 제때 못 내서 선생님께 잔소리 듣고 혼도 나고, 친구들 앞에서 조금 창피한데 괜찮다. 뭐 별일 아니다. 이 역시 나름의 성공 경험이다.
요컨대 조금 늦어도 별문제 없더라?

최고의 성과를 내는 일의 습관

좀 늦어도 별일 없던 경험이 반복되면 아직 괜찮다고 안심하는 태평한 심리가 만들어진다. 시간 여유가 있거나 일이 조금 막히면 금세 조금 있다 하자며 미룬다.

숙제를 허둥지둥하던 습관이 굳어진 사람은 조금씩 하자고 마음먹어도 사실 잘 안 된다. 기한이 코앞에 다가와야 일을 시작하는 습관은 의지만으로 바꾸기 어렵다.

한편 일의 계획을 잘 세우고 미리 하는 습관을 지닌 사람들은 이와는 정반대의 성공 경험을 가지고 있다. 이들은 숙제를 미리 하면 나중이 훨씬 편하다는 경험을 반복해 학습했다.
그들의 머릿속에는 할 일은 미리 하는 게 좋다는 확고한 믿음이 자리 잡고 있다. 바로 '일의 습관'이다.

당신은 어떤 유형의 습관을 가지고 있는가? 일의 방식이 다르다면 습관의 차이다. 미안한 이야기지만, 일을 몰아서 하던 사람이 갑자기 차근차근 진행시키기로 마음먹어도 하루아침에 바뀌지 않는다. 반대의 경우도 마찬가지다. 일을 미리미리 하던 사람에게 갑자기 몰아서 하라고 하면 '멘붕'에 빠진다.

만일 일을 좀 몰아서 하는 경향이 본인의 이야기이거나 그런 사람이 같은 조직에 있어서 문제가 된다면, 우선 큰 욕심을 내지 말고 작은 일부터 제 시간에 빠르게 처리해보도록 하자. 그렇게 했을 때 돌아오는 긍정적인 피드백과 성공 경험을 마일리지처럼 쌓아보는 것이다.

마일리지가 언제 이렇게 쌓였는지, 좋은 피드백이 차곡차곡 쌓이는 경험을 반복하면 어느새 '습관'이 된다.

POINT
마일리지를 쌓듯 일에서도 '습관'이 중요하다.

일의 나쁜 습관

난리 났네. 난리 났어.
망했다…
아무래도 이번 생은 안 되겠어.

좋은 경험과 나쁜 경험, 반복이 되면 습관이 된다.

일정이 조금 늦어도 문제가
없을 거라는 자기 중심적인 생각

• • • 　일은 환상의 팀플레이여야 한다. 그 반대면 '환장'의
팀플레이가 된다. 혼자서 완결할 수 없고 그 일에 참여하는 팀에
서 완결된다. 일이 진행되게 하려면 내 선에서 다음 사람에게 넘
겨야 할 일이 있다. 그러니 팀의 관점에서 보면 '내 할 일만 (조
금 늦더라도) 하면 된다'가 아니다.

내가 일을 안 넘기면 일이 언제 넘어올지 기다리는 사람, 내가

일을 끝마치기를 기다리는 사람이 있다. 내 업무를 제때 끝내지 않으면 다른 사람에게 피해가 간다. 업무 일정을 짤 때는 이 점을 꼭 생각해야 한다.

조금 늦어져도 괜찮겠지, 이 정도로 무슨 문제가 있겠어? 이렇게 내 멋대로 판단하는 사람들이 있다. 그들에 대한 동료들의 불만이 하나둘씩 쌓이면 결국 '자기중심적'이며 '업무 협조를 잘 안하는 사람'이라는 평가가 나온다. 그럼 낮은 평가 점수를 받을 수밖에 없다. 그러므로 회사에서는 전반적인 업무 진행이 늦어지지 않도록 맡은 일의 작업 기한을 최대한 지켜야 한다.

업무 일정을 잘 지키는 사람은 '전체'를 바라보며 일하는 경우가 많다. 자기 일을 잘할 뿐만 아니라 다른 동료의 상황을 파악하고, 작은 부분까지 배려하며, 최대한 협조하기 위해 노력한다.

'후작업은 고객'이라고 말하는 사람들이 있다. 내가 업무를 끝내야 일을 시작할 수 있는 사람을 염두에 두어야 한다는 뜻이다. 다음 사람이 일하기 편하도록 상대의 처지에서 일을 바라보고,

상대가 나에게 원하는 것이 구체적으로 무엇인지 생각해보자.

만일 어떤 일을 의뢰받았다면 업무 요청자와 소통을 잘해야 한다. 일을 시작하기 전에 결과물의 이미지나 기한을 미리 협의하면 좋다. 의뢰받은 업무 내용에서 수치화, 시각화를 통해 모호한 부분을 최대한 없애고 같은 인식을 공유하는 것이 중요하다.

일에서는 같은 인식, 즉 공감대 형성이 가장 중요하다.

POINT
시간관리가 서투르면 이기적인 사람으로 보일 수 있다.

일잘러 흉내를 내는 일못러

일을 시작하기 전에 공감대 형성이 가장 중요하다.

03

빡빡한 일정표는 지키지 못할 약속,
처음 계획의 1.5배가 좋다

• • •   일정 계획을 세울 때 지나치게 빡빡하게 짜는 사람
이 있다. 일정은 좀 빡빡해야 한다고 생각할지 모르지만 오히려
이런 일정은 업무 진행 과정에서 혼란을 일으킨다.

이유는 단순하다. 예정대로 진행되지 않는 일이 대부분이기 때
문이다. 수많은 수정과 계획 변경, 예기치 못한 문제 발생과 해
결 과정을 거치다 보면 시간은 항상 부족하다. 하나의 일이 늦어

지면 도미노처럼 다른 일도 영향을 받는다.

변수를 미리 예상하고 발생을 최대한 막는다? 이상적인 이야기다. 실제로는 모든 일이 순조롭게 진행되는 건 애초에 불가능하다는 전제에서 시작해야 한다. 아무런 일정도 잡지 않은 넉넉한 시간을 일주일에 2~3군데 정도 마련하자. 그래야만 문제가 생겨도 기한에 맞출 수 있는 유연한 일정을 짤 수 있다.

물론 일정을 넉넉하게 짰다가 오히려 지적을 당할 수 있다. 현실적인 일정을 짜고 싶어도 주변 환경이 따라주지 않는 경우도 있다. 그래도 괜히 빡빡하게 짰다가 일정을 조정하느라 애먹지 말고 이런 변수를 고려해 방법을 생각해보자.

빡빡하게 채운 일정은 일하는 사람에게 조급증과 불필요한 스트레스를 일으킨다. 말도 안 되는 일정 때문에 긴장하면 업무의 질이 떨어지고, 실수나 오류를 범할 가능성이 높아져 리스크도 커진다.

업무에 필요한 최소한의 작업 시간을 예상했는데 확신이 들지 않는다면, 처음 계획한 시간의 1.5배를 예상하면 무난하다.

만일 예상보다 일이 순조롭게 진행된다면, 잠깐의 빈 시간을 활용하자. 예컨대 숨이 가쁠 만큼 정신없는 시간을 보냈다면 잠시 머리를 식힐 겸 커피 한잔의 여유를 갖고 동료와 업무에 대해 이야기한다. 아니면 우선순위에 밀린 업무를 짬을 내어 빠르게 처리하거나 이전에 보류했던 업무를 재검토한다.

1.5배 시간 계획이 업무 효율성을 높여준다는 사실을 명심하자.

POINT
일정을 짤 때는 빈 시간을 마련해놓자.

옥상 커피 한잔의 여유

일하는 모든 순간이 더욱 행복해지도록

04

"내가 잊어버렸다면 그 일이 그만큼 중요하지 않다는 거야"

･ ･ ･ 　일정 관리를 할 때 자신의 머리나 기억력에 의존하는 사람이 있다. 일에 대한 내용이나 직접 소통하며 공유받은 이야기를 메모하지 않는다, 할 일 목록을 만들지만 언제 시작해서 언제 끝낼지 그때그때 정한다, 일정표를 정리하지 않는다.

뜨끔했다면 이렇게 생각할지 모른다. 머릿속에 다 있어서 아무런 문제가 없다고.

설령 이 정도는 적지 않고 기억할 수 있다 하더라도 머리에 의지하거나 그때그때 생각나는 대로 일을 진행하면 안 된다. 기억력에 의존하면 실수를 저지르기 쉽다.

앗, 깜빡했어요. 죄송합니다.
완전 까맣게 잊고 있었어요.

할 일이 늘어날수록 깜빡깜빡하기 쉽다. 같은 실수가 반복되면 기한을 넘기고, 업무 요청을 잊어버리는 일이 자주 생긴다.
까맣게 잊어버린 일을 급히 처리하느라 다른 일이 늦어지고, 다른 일이 늦어지면 기한을 맞추지 못하고, 급하게 하다 실수를 저지른다. 엉망진창 악순환에 빠진다.

언제 깜빡깜빡했는지, 언제 가까스로 기한에 맞췄는지, 언제 기한을 넘겼는지 한번 떠올려보면 나의 업무 진행 방식과 특징이 드러난다.

나의 스타일을 파악할 때 지금보다 더 나은 방식으로 업무를 진행할 수 있다. 다시 말해 현실적이고 효과적으로 일정을 짜는 것이 가능하다.

중요한 일은 절대 잊어버리지 않아.
내가 잊어버렸다면 중요한 일이 아닌 거야.

절대 잊어버리지 않는다, 중요하지 않으니까 잊어버렸다. 이런 말은 변명이다. 누구나 할 일을 잊어버릴 수 있다는 사실을 전제로 기억을 되새길 수 있는 시스템을 만들어보자. 자세한 방법은 이 책에서 차차 제안할 예정이다.

쉽고 단순한 일정 관리 시스템이 기억에 의존하지 않는 '일잘러'로 만들어줄 것이다.

POINT
'해야 할 일'을 잊어버리지 않는 나만의 시스템을 만든다.

05

일의 목적이 무엇인지
알지 못한 채 무조건 열심히 한다

· · · 　최선을 다한다. 하지만 간신히 일을 끝낸다. 할 일
이 너무 많다. 그래서 일이 뒤로 밀린다. 누구나 겪을 수 있는 상
황이다.

정말 업무량 때문일까? 비슷한 업무량을 가진 동료는 일을 여유
롭게 미루지 않고 끝낸다면 차이점이 무엇일까? 조금 불편한 이
야기일 수 있지만, 나의 업무 진행을 늦추는 원인이 무엇인지 명
확히 파악해야 한다.

업무에 대해 잘 모른다

어떤 일을 하려면 전문 지식과 능력, 노하우가 필요하다. 지시받은 일에 대해 잘 모르면 어떻게 해야 할지, 무엇을 준비해야 할지 머릿속에 그려지지 않을 것이다. 이것저것 찾아보지만 눈앞이 캄캄하고 불안해질 뿐 일을 진행시킬 수 없다.

회사에 막 입사했는데 아무것도 공유하지 않고 일만 던져주면 못하는 건 당연하다. 물론 스스로 알아가려는 마음과 노력은 대견하다. 하지만 이때는 일을 지시한 사람에게 도움을 청해야 한다. 모르는 것을 하나씩 배우며 일을 배워야 한다.

일과 관련된 전공을 공부하고 자격증이 있다고 해서 일을 잘하지는 못한다. 회사마다 프로세스가 달라서 이 역시 배우면서 적응해야 한다. 그래서 기업에는 신규 입사자가 배우고 적응할 수 있는 교육과 시스템이 준비되어 있어야 한다. 그렇게 하고 일을 잘하느니 못하느니 해야지, 누구든 처음부터 완벽하지 않다. 지금 일을 잘하는 사람들도 처음에는 '왕초보'였음을 기억하자.

혼자서 일을 전부 끌어안는다

일을 다 끌어안고 있는 사람들은 자기가 다른 사람보다 더 잘 알고, 더 잘한다고 생각하기 때문이다. 일을 팀에 나눠서 돌아가게 하지 않고 하나부터 열까지 직접 처리하고 관여한다.

조직에서는 일을 전부 끌어안는 사람이 일을 잘 모르는 사람보다 더 골치 아픈 존재다. 혼자 일을 다 하려는 사람은 완벽주의를 지향한다. 그래서 실수나 누락이 없는지 확인하느라 필요 이상의 시간을 들인다. 최대한 좋은 결과물을 만드는 데 집착하면서 마지막까지 고치고 또 고친다. 그 결과 일은 늦어진다.

일을 열심히 하는 것도 중요하지만 더 중요한 것은 '일의 목적'이다. 지금 하고 있는 일의 목적이 무엇인가? 가장 중요한 목적을 한 줄로 정리해서 실현하면 된다. 완성 기준을 숫자나 그림을 이용해 구체적으로 정리하면 업무 요청이나 협업을 통해 일을 나누기도 쉽다.

열심히 하고 있다.

일이 많아서 너무 바쁘다.

어느 조직에서나 이런 말을 달고 사는 사람들이 있다. 굳이 안 해도 되는 말들이다. 열심히 하고 있다, 너무 바쁘다는 것은 주관적인 생각이다.

이런 말들은 자신에 대한 동료들의 평가를 떨어뜨리는 요인이 된다. 만일 입버릇처럼 '바쁘다'고 말하고 있었다면 되도록 하지 않는 것이 좋다. 세상에 바쁘지 않은 사람이 어디 있겠는가?

> **POINT**
> 지금 하고 있는 일의 목적이 무엇인지 명확히 하자.

세상에 바쁘지 않은 사람은 없다

동료에게 따듯한 말 한마디를 건네자.

06

본질에 집중하고 있는지,
본질에서 멀어졌는지 알아차려라

· · ·   원래는 30분 안에 끝날 일인데 1시간이나 걸렸다.

오늘 안에 끝내야 하는 일이 있는데 야근을 하고 말았다.

인간은 돈과 시간을 가지고 있는 만큼 써버리는 습성을 가지고

있다. 이를 가리키는 이론으로는 '파킨슨 법칙'이 있다. 파킨슨

법칙은 영국의 역사학자 파킨슨이 주장한 이론으로, 영국의 관

료 조직이 업무량과 무관하게 계속 증가하는 현상에서 비롯되었

다. 여기서 더 나아가 '업무량은 주어진 시간을 전부 쓸 때까지 늘어진다'는 추론이 나왔다.

요컨대 일을 할 때 무의식적으로 시간을 전부 쓰는 경향이 있다. 예를 들어, 프레젠테이션 자료를 만드는데 발표에 쓰이지 않을 정보를 리서치하거나 자료 디자인의 디테일까지 지나치게 신경을 쓰느라 시간을 쓴다.

일의 본질을 꿰뚫는 데 시간을 쓰는 게 아니라, 일의 본질을 흐트러뜨리는 데 시간을 쓴다. 물론 리서치를 하다 보면 어떤 정보를 따라가다가 자기도 모르게 너무 멀리까지 갈 때가 있다. 거기서 예기치 못한 고급 정보를 찾을 수도 있지만 정신을 차리지 않으면 대부분 버리는 정보를 수집하게 된다.

발표 자료 디자인도 마찬가지다. 자료에서 말하고 싶은 내용이 정리되면 디자인도 명확해진다. 디테일도 좋지만 먼저 말하고 싶은 내용을 확실히 정리했는지, 그 근거는 설득력이 있는지가 더 중요하다.

맡은 일의 본질과 거리가 먼 일에 시간을 빼앗기면 그만큼 리소스 손실이 일어난다. 어떤 일에 푹 빠져 있을 때 본질에 집중하고 있는지, 본질에서 멀어졌는지 알아차리는 연습을 하자.

POINT
일의 본질에서 멀어졌을 때는 과감히 끊어내야 한다.

07

제대로 된 시간관리가 효율성을
높이고 최고의 성과를 만든다

· · · 데드라인을 앞두고 간신히 일을 끝내고 싶은 사람은

없다. 데드라인은 '넘기면 골치 아픈 마감일'이기 때문이다.

프로젝트를 시작할 때는 효율적으로 진행해서 잘 끝내고야 말겠

다는 의욕이 싹트지만 무의식중에 귀찮아, 어떻게든 되겠지라는

생각이 싹튼다.

급하게 서두르고 싶지 않아.

허둥지둥 일하고 싶지 않아.

시간에 쫓기고 싶지 않아.

이러한 본성에 저항하기란 어렵다. 그래서 일정을 늘어뜨리면 안 되는 줄 알면서도 같은 실수를 반복한다. 다시 한 번 강조하면, 자기 자신을 바꾸기는 어렵다. 따라서 '나'를 바꾸려 하지 말고 일하는 방식을 점검한다고 생각하자.

어제오늘 당신은 회사에서 무슨 일을 하며 시간을 보냈는가? 이제부터 현재 내 상황을 있는 그대로 투명하게 들여다보자. 제대로 된 일정 관리를 통해 업무 효율성을 높이고 성과가 나는 선순환 구조를 만들 수 있다.

> **POINT**
> 효율적인 일정 관리는 성과로 이어지는 선순환 구조를 만든다.

요약하기

- 의욕이나 동기 부여에 의존하지 않는다.

- 미루는 습관을 기합이나 근성으로 고치려 하지 않는다.

- 내가 일을 끝마치기를 기다리는 사람이 있다는 사실을 의식하면서 업무를 계획한다.

- 문제가 발생하더라도 기한에 맞출 수 있도록 유연하게 일정을 짠다.

- 사람은 망각의 동물이다. 잊어버렸다면 떠올릴 수 있는 시스템을 만든다.

- 바쁘다, 최선을 다하고 있다는 변명은 그만둔다.

- 감정적으로 판단하지 않고 사실에 근거해 합리적으로 생각한다.

- 업무량은 완성을 위해 주어진 시간을 전부 채울 때까지 늘어진다.

- 일의 본질과 먼 작업은 과감히 끊어낸다.

- 나의 업무 방식을 점검하자.

2 장

멀티태스킹은 중독이다

- 효율을 떨어뜨리는 업무 전환

CHECK LIST

- [ ] 무의식적으로 두뇌를 전환하고 만다.
- [ ] 집중력이 자주 떨어진다.
- [ ] 너무 많은 소프트웨어를 동시에 켜 놓고 있다.
- [ ] 업무를 중단했다가 다시 할 때 이메일이나 자료를 항상 다시 읽는다.
- [ ] 멀티태스킹을 하느라 주의가 산만하다.
- [ ] 그때그때 머릿속에서 일정을 세운다.
- [ ] 우선순위가 높은 어려운 일을 자꾸 뒤로 미룬다.
- [ ] 이메일이나 파일을 좀처럼 찾지 못한다.
- [ ] 필요한 종이 자료가 손이 닿는 곳에 놓여 있지 않다.
- [ ] 방해받지 않는 장소나 시간대를 만들지 못한다.
- [ ] 자신의 리듬으로 일하지 못한다.
- [ ] 미팅 시간은 1시간이 기본이라고 생각한다.
- [ ] 시간이 얼마나 남아 있는지 의식하지 않는다.

01

간단한 테스트를 통해 알 수 있는 멀티태스킹의 역효과

· · · '전환 비용'이란, '한 업무를 진행하다가 멈추고 다른 업무에 들어갈 때 발생하는 시간과 노력, 스트레스를 말한다. 여러 가지 일을 바꿔가며 일하면 뇌는 금세 피곤해진다. 뇌가 피곤해져 집중력이 떨어지면 쉽게 지쳐서 녹초가 된다.

오늘 하루에 처리한 일이 얼마나 많은지 셀 수가 없다.
이 일, 저 일 다 처리하느라 시간 가는 줄도 모르고 일했다.

분명 열심히 일했다. 쉴 틈 없이 들어오는 일에 최선을 다했다. 하지만 당신이 치른 전환 비용 때문에 뇌는 생각보다 훨씬 큰 피로감을 느낀다.

전환 비용의 피로감과 비효율성이 얼마나 큰지 간단한 테스트를 통해 직접 체험해보자.

실험 1 — 전환이 1회 발생한 경우

① 종이 한 장을 준비한다.

② 사각형 2개를 위아래로 크게 그린다.

③ 위에 있는 사각형에 한글 '가'부터 '하'까지 14문자를 적는다.

④ 아래 있는 사각형에 숫자 '1'부터 '14'까지 순서대로 적는다.

실험 2 — 전환이 다수 발생한 경우

①~② 실험 1과 똑같이 종이에 사각형 2개를 위아래로 그린다.

③ 위에 있는 사각형에 한글 '가'를 적는다.

④ 아래 있는 사각형에 숫자 '1'을 적는다.

⑤ 다시 위에 있는 사각형에 '나'를 적고, 아래 사각형에 '2'를 적는다.

⑥ 위와 같이 한글과 숫자를 사각형 위아래에 번갈아가며
적는다.

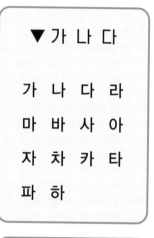

직접 실험해보면 전환이 다수 발생할 때 뇌가 얼마나 큰 혼란을 느끼는지 알 수 있을 것이다. 우리가 한 가지 일에 집중하지 않고 이 일 저 일 실행할 때 뇌가 받는 스트레스는 상당하다. 우리의 뇌가 그동안 이렇게 일하고 있었던 것이다.

POINT

불필요한 업무 전환만큼 큰 손실은 없다.

02

한 번에 많은 일을 처리하면 뇌는 엄청난 비용을 치른다

· · · 　일에 집중하고 있는데 갑자기 상사가 진행 상황을

물어보거나, 옆에 있는 동료가 질문을 하거나, 다른 팀에서 문의

가 들어와 하던 일을 잠시 멈추는 경우가 있다.

대응을 마친 뒤 다시 일을 시작하려 할 때 다음과 같은 생각이 든

적 있다 없다?

'내가 어디까지 했더라?'

하루 중 작업 전환 횟수가 몇 차례나 발생하는지 한번 세어보라. 횟수가 증가할수록 전환 비용도 증가한다. 한 업무에 집중하고 있다가 다른 업무가 갑자기 떠올라서 하던 일을 멈추고 새 폴더를 열어 파일을 찾고 자료를 추적한다.

작업을 전환할 때마다 불필요한 움직임과 수고를 들이면 피로해지고, 시간이 걸리면 일이 번거롭게 느껴져 짜증이 솟구친다.

정리하면, 일주일 동안 하루치 시간을 업무 전환에 쓰고 있다. (과언이 아니다. 1시간에 한 번 업무 전환이 일어날 경우 5분이 걸린다고 가정하자. 하루 8시간 근무라면 일 40분, 일주일 3시간 20분이 걸린다. 복수의 소프트웨어 사용, 복수의 인터넷 창을 이용한 검색, 복수의 작업을 수없이 전환하는 멀티태스킹을 고려하면 대략 하루 분량이 나온다.)

하지만 우리는 평소에 얼마나 큰 전환 비용을 치르고 있는지 전혀 깨닫지 못한다. 다수의 연구에서 업무 중 방해를 받으면 생산성이 떨어진다는 결과가 나왔다.

멀티태스킹에 대해서는 바로 뒤에서 자세히 다룰 것이다. 여기서는 업무 시간에 발생하는 전환 비용이 크다는 사실을 명심하고 넘어가자.

POINT

업무에 집중할 수 있는 근무 환경이 중요하다.

일하다가 모든 것을 잊어버린 사람

bgm 〈흐린 기억 속의 그대〉

03

스탠퍼드대 연구 결과 "지나친 멀티태스킹은 뇌세포를 파괴한다"

   · · ·   평소 멀티태스킹에 자부심을 가진 사람들에게는 미안하지만 다시 생각하길 바란다. '멀티태스킹'이라는 말을 들으면 가장 먼저 무엇이 떠오르는가? 멀티태스킹에 대한 이미지는 대부분 이렇지 않은가?

복수의 작업을 동시에 처리한다.
많은 양의 일을 빠르게 해낸다.

그러나 이것은 선입견이다. 앞서 말한 것처럼 업무 전환의 대표적인 예가 멀티태스킹이다.

겉으로는 동시에 여러 일을 처리하고 있는 듯 보이지만, 실제로는 복수의 작업 사이를 바쁘게 오가는 상태다.

사무실 책상에서 기획서를 쓰면서 고객 전화를 받는다고 가정하자. 문서 작성에도 고객 전화도 집중하기 어렵다. 같은 자료를 반복해서 보거나 고객에게 다시 묻는다. "죄송하지만, 제가 잘못 들었는데 방금 뭐라고 말씀하셨죠?"

미국 스탠퍼드 대학교의 연구 결과에 따르면, 업무 전환을 자주 반복하면 스트레스가 쌓여 뇌세포가 파괴된다. 멀티태스킹을 하다가 머리가 무겁고 두통이 생기는 이유는 뇌를 혹사시켰기 때문이다.

그런데 멀티태스킹은 일종의 중독이라서 쉽게 끊기 어렵다. 오늘부터 멀티태스킹 금지! 이 말을 들었을 때 갑자기 동공 지진과 불안감을 느꼈다면 멀티태스킹 중독일 수 있다.

멀티태스킹에 중독되는 이유는 기분이 좋아지기 때문이다. 멀티태스킹을 하면 자기 만족감과 성취감이 커진다. 같은 시간에 많은 일을 해낸 것 같은 뿌듯한 쾌감이 발생한다.

하지만 지나친 멀티태스킹은 뇌 손상과 시간 손실을 일으키므로 가능하면 한 가지 업무를 목표한 만큼 끝내고 다른 업무로 전환하는 것이 좋다. 어쩔 수 없이 업무 전환이 급하게 일어나야 할 때는 뇌가 적응할 수 있는 시간을 주자.

POINT
멀티태스킹도 일종의 중독이다.

공익뇌광고협의회

지나친 멀티태스킹은 뇌세포를 파괴할 수 있습니다.

04

우선순위가 가장 높은 일에
당신의 시간과 노력을 투자하라

· · ·   'to do list'는 해야 할 일을 한눈에 확인할 수 있는 편리한 목록이다. 그런데 실제로 사람들은 to do list에 적은 일들을 얼마나 해낼까? 조사 결과에 따르면, to do list 중 41퍼센트가 지워지지 않는다. 10개 중 4개는 끝내지 못한다는 말이다. 실패하는 이유는 뭘까?

다음은 to do list가 가르쳐주지 않는 세 가지다.

① 언제부터 시작해야 하는가?

② 얼마나 시간이 걸리는가?

③ 언제까지 끝내야 하는가?

to do list만 봐서는 간단한 일과 시간이 오래 걸리는 일을 구분하기 어렵다. 예를 들어, 2~3분이면 끝내는 일과 1시간 이상 걸리는 일이 섞여 있다. 그러다 보니 하나의 일을 끝낸 다음 무슨 일을 할지 그때그때 생각해야 한다.

만일 당신이 to do list에 너무 의존하면 다음과 같은 세 가지 상황에 빠질 수 있다.

① 금방 처리할 수 있는 일에 몰두한다.

② 중요한 일이 아니라, 새롭게 업무 요청을 받은 일을 시작한다.

③ 아무리 애써도 줄어들지 않는 목록을 보고 의욕을 잃거나 스트레스를 받는다.

나름의 장점이 있긴 하지만 to do list는 우선순위가 높은 일을 뒤로 미뤄버릴 위험성이 있다. 일은 일정을 세우지 않으면 절대 끝나지 않는다. 무엇을 언제 할 것인가? 일의 일정을 미리 계획해야만 중요도가 높은 업무를 순조롭게 처리할 수 있다.

할 일을 보기 좋게 to do list에 적는 것은 좋다. 하지만 to do list에는 시작과 끝이라는 구체적인 계획이 없다.

일정표에 할 일을 계획하지 않으면 일할 시간을 빈 시간으로 착각해 중요도 낮은 일을 하기 쉽다. 우선순위가 높은 일에 투자할 시간에 밀려오는 회의나 미팅에 휩쓸리거나 다른 사람의 일을 도와주고 있는 것이다. 맡은 일을 집중해서 할 수 있는 시간을 확보하지 못하면 일정에 쫓기게 된다.

POINT
해야 할 일은 반드시 일정표를 이용해 관리한다.

05

"그 파일을 어디다 뒀더라?"
필요한 자료를 찾는 시간도 아끼자

· · · 　업무가 시작되면 수많은 파일 찾기도 시작된다.

어느 폴더에 저장했더라…

출력물을 어디에 뒀더라…

메모를 어디다 했더라…

그 파일 어디 있지?

사람마다 다르긴 하지만 서류철을 뒤지고 컴퓨터 폴더를 뒤지고 이메일을 뒤지는 일은 하루에도 수없이 일어난다. 주 5일 근무 시간 중 파일 찾는 시간만 1시간이 걸린다고 해보자. 물리적으로 거리가 먼 곳이거나 소프트웨어를 켜고 끄는 시간까지 합하면 실제로는 훨씬 더 많은 시간이 낭비되고 있다.

이렇게 파일 찾기에 시간을 많이 쓰는 이유는 작업에 필요한 자료를 따로따로 보관해서 관리하기 때문이다. 파일을 찾다가 업무를 시작하기도 전에 스트레스를 받는 경우는 다음과 같다.

① 업무에 필요한 자료나 서류철을 어느 책장이나 서랍에 넣어 뒀는지 기억하지 못한다.
② 책상 위나 서랍 속이 정리되어 있지 않아서 필요한 서류나 메모를 찾지 못한다.
③ 컴퓨터에 저장한 파일이나 특정 이메일을 찾아내지 못한다.

한정된 시간 안에 성과를 내야 하는데 자료나 데이터를 찾느라 상당한 시간과 노력을 낭비하고 있는 셈이다. 이처럼 파일 찾기에 드는 시간과 노력을 줄이려면 정보를 최대한 한 곳에서 관리해야 한다. (파일 찾기 시간을 줄여주는 스마트한 업무 기술은 책에서 더 자세히 다룰 예정이다.)

> **POINT**
> 파일 찾기도 업무 시간의 낭비를 일으키는 주요인이다.

06

능동적으로 일정을 조정하면
업무 전환과 피로를 줄일 수 있다

• • • 　일하다 보면 업무를 방해하는 요인들이 넘쳐난다. 갑자기 울리는 전화벨, 시도 때도 없는 상사의 호출과 지시, 바쁠 때 은근 귀찮게 계속되는 후배의 질문, 미팅과 회의, 사람들의 말소리와 웃음소리, 메신저와 이메일 알림, 미리 약속하지 않고 찾아오는 고객 등, 그 외에도 잠시 기분 전환을 위해 인터넷 검색과 SNS를 하다 보면 업무 집중도가 떨어지고 만다.

그런가 하면 사무실에 '투덜이'가 있어도 근무 환경에 좋지 않은 영향을 끼친다. '사무실 투덜이'는 불만이 가득 쌓여 한숨을 자주 쉬고 작은 일에도 쉽게 짜증을 내는 직원을 가리킨다.

사무실 투덜이는 함께 일하는 사람들에게 부정적인 영향을 준다. 감정을 절제하지 못하는 미숙한 모습을 여과 없이 보여주고, 다른 사람을 배려하지 않는 행동으로 불쾌감을 주며, 바른 자세로 열심히 일하는 사람들의 긍정적인 의욕을 떨어뜨린다.

사무실 투덜이가 한 명 있으면 다른 사람들도 투덜이를 닮아간다. 정신을 바짝 차리고 일하던 사람들도 다른 사람에게 피해를 주면 안 된다는 의식이 약해져 자기도 모르는 사이에 근무 환경을 흐리는 것이다. 괜한 불만과 무례한 행동이 사무실에 빠르게 퍼져나간다.

높은 차원에서 이야기하면, 업무 집중도를 높일 수 있는 환경과 시스템을 만들기 위해서는 이처럼 업무에 방해를 일으키는 현실적인 요인들을 먼저 파악해야 한다.

무례한 업무 요청에 웃으며 대처하는 법

당장의 업무 현실에서 업무 집중을 막는 요인에 현명하게 대처하는 방법은 무엇일까?

누군가 당신에게 갑자기 급한 업무 요청을 했다고 가정하자. 중요한 업무에 집중하고 있던 당신의 리듬이 한순간에 깨졌다. 그렇다고 동료에게 감정적으로 대응해야 할까?

상대의 협조를 바라는 동료의 요청에 미간을 잔뜩 찌푸리며 피곤한 기색을 곧장 내비치는 사람이 있다. 업무 요청에 무조건 "안 된다"고 거절하면 하수다. 거절도 예의를 갖춰야 고수다. 최소한 다음과 같이 부드럽게 이야기하자.

"죄송하지만 중요한 일이 있어서 ○○ 업무를 오늘 ○시까지 끝내야 합니다. 지금 당장 시간을 낼 수는 없지만, 그 이후라면 괜찮습니다."

당장은 어렵지만 가능한 시간대를 제안한다. 이보다 한 발 더 빠르게 대처한다면, 당신의 일정을 다른 사람들에게 미리 공유하는 것이다. 그럼 사람들이 당신의 일정을 확인할 수 있으므로 방해받는 일이 줄어들 것이다.

포인트는 상대의 요구에 맞춰 수동적으로 반응하는 것이 아니라, 능동적으로 반응하는 것이다. 자신의 일정을 능동적으로 조정할 때 업무 주도성과 집중력이 향상되어 효율성과 생산성도 높일 수 있다. 앞에서 이야기한 뇌의 전환 횟수를 줄임으로써 피로감과 시간 낭비 역시 줄어든다.

이 밖에도 업무 집중 시간에는 이메일과 메시지 수신 알림을 잠시 끄거나 업무 집중 공간으로 자리를 옮겨 일하는 방법도 있다. 하지만 회사마다 환경이 다르므로 일반적으로 적용하기에는 어려움이 있을 수 있다.

돌발적인 업무 요청에 현명하게 대처하는 가장 일반적인 방법은 다시 강조하지만 '업무 시간표', 즉 '일정표'를 짜는 것이다. 일정표를 만들면 자기만의 리듬으로 업무에 집중하면서, 다양한 변수에도 현명하게 대처할 수 있다.

일을 잘하고 싶고 성과를 내고 싶다면, 업무에 집중할 수 있는 환경과 시스템을 만드는 것이 중요하다. 반대로 그러한 환경이 되지 못하면 일을 잘하기 어렵고 성과를 내기 어렵다.

당신의 업무를 중단시키는 요인은 무엇인가? 무엇이 당신의 업무 집중을 방해하는가?

POINT

나 자신 부터, 내 주변부터 일하기 좋은 환경으로 만들어나간다.

07

미팅 시간은 넉넉히 기본 1시간? 업무 시간의 고정관념을 바꿔라

· · · 　　이미 일정표를 짜서 일하고 있다면? 일정표 단위는 얼마인가?

1시간 단위로 일정표를 짜는 데 익숙하다면 거기서 벗어나보자. 만일 당신이 미팅 일정을 잡을 때 머릿속에 자연스럽게 '넉넉히 1시간'을 늘 떠올렸다면, 일의 성과에 대한 기준이 조금 약하기 때문일 수도 있다.

시간은 한정되어 있다. 하루 근무 시간이 8시간이면 '넉넉히 1시간'으로 잡은 미팅 일정이 4개만 있어도 하루의 절반을 빼앗기고 만다. 조금 극단적인 사례이지만, 주먹구구식 시간 개념을 바꿀 필요가 있다.

앞으로는 '넉넉히 1시간'이라는 생각을 금지하고 '분' 단위로 일정을 세워보자. 그럼 하루 근무 시간은 480분이 된다. 반응은 둘 중 하나다. 480분이나? 또는 480분밖에?

하지만 이 시간에 일정을 채워 넣기 시작하면 480분은 엄청난 기세로 0에 가까워진다. 지금까지 1시간, 1시간을 얼마나 엉성하게 관리해왔는지, 귀중한 시간을 얼마나 잃어버리고 있었는지 깨닫는다. 요컨대 '뺄셈'의 개념으로 접근하면 시간이 지니는 무게가 달라진다.

시간 감각을 더욱 날카롭게 만들기 위해 60초 동안 할 수 있는 일들을 생각해보자. 감사의 메시지를 담은 메일 보내기, 간단한 문의 메일에 답장하기, SNS 또는 메신저 확인하기, 새로운 명함 정보 등록하기, 새로운 아이디어 생각해보기 등.

60초를 잘 활용하면, 일의 체감 속도를 전보다 더 높일 수 있다.

일의 양자역학

라떼는 업무 계획을
초 단위로 나눴지 말이야.

뭐지, 양자역학인가?

1시간 = 60분 = 3,600초
시간의 단위를 바꾸면 시간의 무게가 달라진다.

요약하기

- 평소에 상상 이상으로 전환 비용을 치르고 있으며 시간을 낭비하고 있다는 사실을 유념한다.

- 성공적으로 업무 시간을 관리하기 위한 요건은 전환 비용과 낭비를 줄이는 것이다.

- 맡은 업무의 특성을 이해하고 주의를 흐트러뜨리는 멀티태스킹의 필요성을 점검한다.

- 부가가치를 만들지 않는 '무언가 찾는 행위'를 줄인다.

- 업무에 집중할 수 있는 시스템이나 외부 환경을 만드다

- 업무 일정을 세우면 눈앞의 일에 집중할 수 있다.

- 시간은 유한하다. 이 점을 명심하자.

3 장

업무의 시작은 '분류'에서 출발한다

- 자주 놓치는 '작업 분류'의 중요성

CHECK LIST

- [ ] '언제 시작할 것인가?'를 계획하지 않는다.
- [ ] 디지털적인 수단을 완강하게 거부한다.
- [ ] 자신의 역할을 생각하지 않고 업무를 진행한다.
- [ ] 상부상조 정신이 결여되어 있다.
- [ ] 업무를 쌓아 놓고 있다.
- [ ] 뒤로 미루는 것을 무조건 나쁜 행동이라고 생각한다.
- [ ] 하던 업무를 중단하는 일이 빈번하게 일어난다.
- [ ] 지금 하는 일이 꼭 해야 할 일인지 알지 못한다.
- [ ] 작업을 분류하는 시간을 설정하지 않는다.
- [ ] 해야 하는 작업을 일정표에 적을 때 모호한 표현을 사용한다.
- [ ] 해야 할 일을 여러 가지 수단으로 관리한다.
- [ ] 서로 관련이 있는 작업을 한꺼번에 처리하지 않는다.
- [ ] 업무 전체가 아니라 개별 작업량만을 신경 쓴다.
- [ ] 일정의 상세한 내용을 확인할 때마다 애를 먹는다.

01

디지털 캘린더는 시간관리에
들어가는 시간과 노력을 줄인다

 업무 일정을 관리할 때는 수첩같이 아날로그적인 수
단보다 구글캘린더나 아웃룩 등의 디지털 캘린더를 이용하는 것
이 더 편리하다.

그 이유는 아날로그적인 수단에 문제가 있어서는 아니다. 오히
려 '디지털적인 수단이 가져다주는 이점을 누리지 못한다'는 상
대적 단점이 더 크기 때문이다. 쉽게 말해 디지털 캘린더가 진짜
좋다는 얘기다.

〈디지털 캘린더의 7가지 이점〉

① 알림 기능이 있어서 개인 비서를 고용한 것과 다름없다.
　리마인더나 알람 등의 기능으로 일정을 미리 알려주어서
　깜빡하는 상황을 막을 수 있다.

② 반복되는 일정은 한 번 입력하면 자동으로 작성된다.
　정례 회의나 반복되는 일정을 일일이 입력하지 않아도 된다.

③ 일정을 조정하기가 쉽다.
　다른 사람과 일정을 공유해서 서로의 빈 시간을 확인하고
　일정을 조정할 수 있다.

④ 일정에 대한 세부 내용을 쉽게 확인한다.
　일정 관련 메모나 관련 자료를 금방 확인할 수 있다.

⑤ 언제 어디서나 일정을 관리한다.
　스마트폰을 이용해 일정을 관리할 수 있다.

⑥ 복수의 캘린더를 용도에 맞춰 이용한다.

캘린더를 항목별로 분류할 수 있고, 보고 싶은 캘린더만 선택할 수도 있다. (예) 업무/개인, 업무/팀

⑦ 퇴근 시간을 의식할 수 있다

to do list와 다르게 퇴근 시간이 시각적으로 강조된다. 그덕분에 퇴근 시간에 대한 구체적인 계획이 생겨서 업무 집중력이 높아지고 작업 속도 역시 빨라진다. '오늘은 이때 꼭 퇴근하겠어!'

물론 다이어리에 익숙한 사람들도 많다. 디지털 캘린더를 써본 사람들 중에도 어딘지 익숙하지 않아서 다이어리만 쓰는 경우도 있다.

그러나 일정 관리의 효율성 면에서 디지털 방식과 아날로그 방식은 장단점이 분명하다. 그렇다고 당장 다이어리를 버리고 앱을 이용하라는 이야기는 아니다. 다이어리를 쓰고 있다면 디지

털 캘린더를 함께 이용해보면서 각각의 장단점을 경험해보자.

디지털 캘린더는 일정 관리에 들어가는 시간과 노력을 줄여준다. "아, 오늘 회의가 있었지. 깜빡하고 있었네."
너무 바빠서 일정을 자주 깜빡하는가? 솔직해지자. 바빠서가 아니다. 시간관리를 못하기 때문이다.

회사에서 일정을 깜빡하는 모습은 다른 사람들에게 부정적인 인상을 준다. "요즘 바빠서 정신없으시지요?" 일정을 자주 깜빡하는 당신에 대한 유감의 표현이다.
특히 부서의 많은 일을 관리하는 직책일수록 기억력이나 메모만으로 일정을 관리하기 어렵다. 새로운 기술을 당신에게 잘 맞게 이용해서 업무 역량을 업데이트하자.

POINT
디지털 캘린더 등 새로운 기술을 이용해 업무 역량을 향상시킨다.

요즘 바빠서 정신없으시지요?

단지 일이 많아서가 아니다.
당신이 시간관리를 못하기 때문이다.

02

당신의 R&R과 거리가 먼 일을
정리하면 '진짜 일'이 보인다

· · · 　업무 일정 관리는 '작업 분류'에서 시작한다. 눈앞에 있는 일을 부지런히 처리하지 마라. 한정된 업무 시간 안에 성과를 내기 위해서는 '표적'을 좁혀야 한다. 집중해야 할 부분을 결정하는 것이다.

너무 많은 업무를 끌어안고 있으면 업무 처리가 늦어진다. 업무 처리가 늦어지면 여기저기서 아우성이 시작된다. 그런데 당신이 끌어안고 있는 일들, 모두 당신이 처리해야 하는가?

당신이 꼭 해야 할 일을 찾아라

우선 당신의 성과에 영향을 끼치지 않는 일은 당장 그만둬라. 책임감이 강한 당신은 지금까지 해온 일이므로 자신의 손으로 처리해야 한다고 생각할지 모른다. 그러나 작업 분류는 회사에서 당신의 '롤'에 초점을 맞춰야 한다. 당신의 일이 아니라면 "하지 않겠다"라고 말해야 한다.

어떤 일에 대해 내 일인지, 다른 사람의 일인지 정확히 판단을 내려야 한다. 무턱대고 일을 시작하면 다른 사람이 처리할 수 있는 반복적인 단순 작업까지 당신이 모두 떠맡는 것이다. 이런 일을 줄이려면 표준 업무 프로세스나 업무 매뉴얼을 만들어놓고, 누구라도 그 일을 처리할 수 있도록 하자.

업무 프로세스와 매뉴얼의 핵심은 전자제품 사용 설명서와 같다. 설명서를 읽고 기능을 이해한 뒤 정확히 원하는 대로 작동시키듯 누구든 업무에 대해 쉽고 구체적으로 이해할 수 있고, 그대로 따라 하면 성과를 낼 수 있어야 한다. (외부 전문 기관의 컨설팅을 받고 매뉴얼 작성을 위탁하는 것이 최선이다.)

당신의 롤에 맞지 않은 일, 당신의 성과에 영향을 끼치지 않는 일을 정리하자. 여기서 마지막까지 남은 일이 바로 당신이 직접 해야 하는 업무다.

일을 숙성시키지 마라

업무 요청을 하지 못하거나, 도움을 청하지 못해서 고민을 안고 있는 사람은 의외로 많다. 다른 사람에게 도와달라고 말하기가 어렵거나, 잘 모른다고 말하면 자존심이 상하거나, 다들 바쁜데 부탁을 하면 폐를 끼칠까봐 걱정하기 때문이다.

그런가 하면 업무 요청을 하기 위해 내용을 알려주기가 귀찮아서 안 한다는 사람도 있다. 그 결과 이 일 저 일, 전부 끌어안고 있게 된다.

도로 폭이나 차선이 줄어들면서 차가 갑자기 막힐 때 이를 가리켜 '병목 현상'이라고 한다. 당신은 혹시 회사에서 병목 현상을 일으키는 주범이 아닌가? 업무 전체의 생산성이라는 넓은 시점이 아니라, 업무 하나하나에 집중하는 좁은 시점에서 바라보면 일에서도 병목 현상이 생긴다.

일이 한번 들어가면 나오지 않고 진행 상황이 공유되지 않아서 어디에 머물러 있는지 아무도 모르고 정체되어 있는 현상의 주범이 당신은 아닐는지.

"나는 최선을 다하고 있어. 죽어라 일하고 있다고!"라며 정신론적이고 감정적인 반론을 펼치기보다 업무가 늦어지고 있는, 항상 기일을 맞추기 위해 직전까지 다급하게 일하고 있는 현실과 그 원인을 명확하게 인식하는 것이 중요하다. 그렇게 할 때 비로소 구체적인 개선이 가능해진다.

일의 병목현상

> 일이 여기서 또 막히네.
> 또 막혀.

당신에게 들어온 일을 막히게 두지 말고
일이 잘 돌아가도록 순환을 시키자.

원하는 것을 얻으려면 부탁하는 방법을 바꿔라

의뢰한 일이 기대와 다르게 나온다면 일을 부탁하는 요령이 부족하기 때문이다.

원하는 결과물이 나오지 않으면 담당자의 능력을 지적하거나 그럴 듯한 핑계를 만들어서 자신의 책임을 덮는다.

그러나 엄밀히 말하면 이는 의뢰자의 능력 부족이다. 구체적으로 무엇을 원하는지, 언제까지 완성해야 하는지를 명확히 설명하고 부탁하는 것이 중요하다.

또한 업무를 의뢰한 뒤 관심을 끄는 것이 아니라, 다른 사람을 최대한 지원한다는 의식을 갖는 것도 중요하다. 특히 할 일이 많을 때는 자신이 잘하는 분야를 살려서 서로 협조해야 효율성을 높이고 시간을 단축시킬 수 있다.

> **POINT**
> 모든 일을 혼자 처리하지 말고 다른 사람에게 지원을 받는다.

03

바로 처리해야 할 일을 미루면
지연된 시간만큼 이자가 붙는다

· · ·　　자신이 직접 할 일을 추려낸 뒤에는 언제 할지를 결정하고 캘린더에 일정을 입력한다. 이때 핵심은 '당장 시작하기'와 '건전한 미루기'를 적절히 조합하는 것이다.

그 자리에서 바로 처리할 수 있던 일인데 어쩐지 뭉그적거리다가 고생했던 경험이 있는가? 예컨대 이메일을 받으면 상대가 당신에게 바라는 것보다 더 고민하느라 제때 회신하지 못하는 것이다. 답장을 어떻게 쓸지 고민하다가 다른 일이 생겨 결국 보내지 못하고 그 사실을 까맣게 잊어버리는 바람에 상대의 재촉을 받은 뒤에야 허둥지둥 회신을 한다. 캘린더에 일정을 입력할 때는 다음과 같이 세 가지로 일을 분류한다.

5분 안에 끝나는 일은? 즉시 처리하라

바로 처리할 수 있는 일을 즉시 하지 않으면 시간이 지남에 따라 업무에도 '이자'가 붙는다. 100 정도의 일이 110, 120으로 늘어나고 정신을 차려보면 빚에 짓눌린 상태가 된다. 이자가 붙은 일들이 쌓이면 할 일이 늘어나 전부 늦어지고 만다.

5분 안에 처리하는 일이라면 '즉시' 끝내자. 바로 처리해버리면 놓치거나 허둥지둥할 일이 없고, 설령 급한 업무가 들어오더라도 유연하게 대응할 수 있다.

15분 이상 걸리는 일은? 캘린더에 일정을 입력하라

반대로 당장 하지 않아도 되는 일은 일단 잊어도 괜찮다. 지금 안 해도 되는 일을 신경 쓰면 본래 해야 할 일에 대한 집중력이 떨어지기 때문이다. 중요도가 낮은 일은 뒤로 미뤄야 한다. 요컨대 지금 할 일에 집중하기 위해 '건전한 미루기'를 하는 것이다. 건전한 미루기를 할지 말지 판단하는 기준은 다음 두 가지다.

① 그 업무에 기한이 있는가?
② 그 업무를 끝내려면 15분 이상이 걸리는가?

업무의 기한이 명확하고 15분 이상 걸리는 일이라면 캘린더에 일정을 입력하자. 미팅 일정도 마찬가지다. 시간이 걸리는 제법 규모가 큰 일이나 좀처럼 진도가 나가지 않는 일은 작게 쪼개면 진행 상황을 관리하기가 쉽다.

또한 알림 기능을 설정해서 '까맣게 잊어버리는' 상황을 막을 수 있는 시스템을 만들자. 미팅 시작 시간이나 마감 시간 등 중요한 일정은 자동 알림 기능을 이용하면 편리하다.

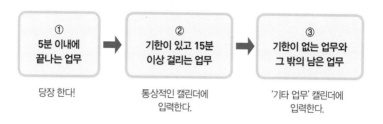

캘린더에 일정을 입력하는 순서

① 5분 이내에 끝나는 업무	② 기한이 있고 15분 이상 걸리는 업무	③ 기한이 없는 업무와 그 밖의 남은 업무
당장 한다!	통상적인 캘린더에 입력한다.	'기타 업무' 캘린더에 입력한다.

그 밖의 남은 업무 – '기타 업무' 캘린더에 입력하라

디지털 캘린더의 장점 중 하나는 용도나 목적에 맞춰 복수의 캘린더를 이용할 수 있다는 것이다. 이 기능을 활용해 당장 하지 않아도 될 업무를 효율적으로 관리한다.

먼저, '기타 업무' 캘린더를 만든다. 이 캘린더에는 앞의 두 경우에 해당하지 않는 나머지 작업 일정을 전부 입력한다.

기타 업무 캘린더에는 일정 재조정 대상이 되기 쉬운 업무를 넣는다. 예컨대 급히 처리할 일이 생겼을 때 기타 업무 캘린더에 있는 일정을 조정해 시간을 만들 수 있다.

일정 조정을 위해서 기타 업무는 하나로 모으는 것이 효과적이다. 기타 업무가 5개이고 각각 10분 안에 끝낼 수 있다면 50분짜리 작업 일정을 설정하고 그 안에 할 일 목록을 적는 것이다

주요 업무 캘린더와 기타 업무 캘린더를 동시에 표시한다

> **POINT**
>
> 당장 시작하기와 건전한 미루기를 적절히 조합한다.

04

정보와 자료를 정리하는
작업 보관소는 적을수록 좋다

• • • 　작업 보관소는 일과 관련된 정보, 자료 등을 보관 및
관리하는 곳이다. 작업 보관소는 다양하다. 책상 위, 서랍, 선
반, 서류철, 수첩, 노트, 이면지, 가방, 명함 지갑, 영수증이 들
어 있는 지갑 등 모두 해당한다. 장소나 물건 외에도 머릿속, 이
메일의 받은 편지함, 컴퓨터의 폴더, 스마트폰, 메신저, 소프트
웨어 등도 포함한다.

작업 보관소에는 이메일, 작업, 아이디어, 메모, to do list 등 아직 처리되지 않은 업무들이 모여 있다. 여기서 말하는 '처리되지 않은 업무'는 앞에서 이야기한 '작업 분류가 되지 않은 업무'다. 요컨대 무엇을 해야 하는가, 언제 시작하고 끝나는가, 어느 작업 보관소에 관리할 것인가를 결정하지 않은 상태의 일이다.

작업 보관소가 많을수록 업무에 필요한 자료가 여기저기 흩어져 있을 수 있다. 따라서 자료를 찾는 데 시간과 수고가 들어서 실수나 누락으로 이어질 수도 있다.

당신의 작업 보관소는 어디인가? 작업 보관소가 너무 많으면 줄이는 것이 좋다. (작업 보관소를 줄이는 자세한 방법은 책 속에서 자세히 다룰 예정이다.)

POINT
자료 보관소를 잘 관리해 시간을 줄인다.

05

작업 분류 시간을 확보해
불필요한 일을 줄이자

･ ･ ･   작업 분류법을 직접 실행에 옮겨보면 업무가 원활하게 진행되고 작업이 잘되고 있다는 느낌을 받을 수 있다. 업무 분류 작업부터 철저히 하면 시간 낭비를 줄이고 반드시 해야 하는 업무에 집중할 수 있어서 효율성을 높일 수 있다.

물론 처음에는 너무 바빠서 작업 분류를 할 시간조차 없고 그 일 자체가 부담스러울 수도 있다. 그러나 이미 우리는 이와 유사한 일을 하고 있다. 무엇을 할지, 언제 할지, 자료를 어디에 보관할지 등을 항상 염두에 두고 있기 때문이다.

문제는 산더미처럼 쌓인 일을 손에 잡히는 대로 처리하는 가운데 그때그때 '무계획'으로 실행하는 것이다.

작업 분류에 필요한 시간을 마련해서 계획 없이 실행하는 비효율적인 방식을 개선해보자. 나는 출근길이나 퇴근길 30분~1시간을 정해서 작업 분류를 했다.

매일 작업 분류 시간을 확보하기 어렵다면 한 주의 마지막인 금요일에 몰아서 하는 방법도 있다. 처음에는 시간이 오래 걸리지만 익숙해지면 단축되고, 작업 보관소의 수도 5개 정도로 줄어들어 낭비를 막을 수 있으며, 불필요한 작업이 감소해 업무 성과에 집중할 수 있다.

POINT
모든 일은 '작업 분류'에서 시작된다.

06

일의 목적을 '명사형'으로 정리하면 방향이 분명해진다

◦ ◦ ◦   작업 분류의 첫 단계에서는 무엇을 해야 하는지 분명하게 정리한다. 이때 작업명을 단순하고 알기 쉽게 표현하는 것이 중요하다. 작업명을 정할 때 주의해야 할 점은 두 가지다.

① '검토한다'와 같은 표현을 쓰지 않는다.

일을 하면서 '무엇을 검토한다'라는 말을 자주 쓰게 된다. 하지만 '검토한다'는 추상적인 표현이다. 뭉뚱그려 '검토한다'라고 하면 무엇을 논의하고 무엇을 결정하는 것인가에 대한 해석이나 의미가 사람마다 다를 수 있기 때문이다.

업무 내용은 가능하면 구체적으로 표현한다. 모두가 같은 인식을 공유할 수 있도록 구체적인 내용을 공유해야 업무 성과를 낼 수 있다.

② 일의 목적이 무엇인지 분명히 한다.

지금 당신이 어떤 일을 진행하려 한다. 그렇다면 그 일의 목적은 무엇인가?

목적을 모른다면 일의 목적부터 다시 정리해야 한다. 일의 목적은 명사형으로 성과를 생각할 때 명확해진다.

예컨대 일정표에 "고객 만족도를 조사한다"가 아니라 "~을 위한 고객 만족도 조사 보고서 작성"이라고 입력하면 일의 목적과 결과물뿐 아니라 결과물에 필요한 자료가 연상되어 무엇을 할지 더욱 명확해진다.

일의 목적과 결과를 분명히 하면 명확한 의사소통을 통해 도움을 받을 수 있음을 명심하자.

구체적인 대상과 목적이 필요한 표현

검토한다, 생각한다, 관리한다, 파악한다, 확인한다

체크한다, 협의한다, 이야기한다, 논의한다

조정한다, 조사한다, 연구한다, 공부한다, 익힌다

노력한다, 철저히 한다, 실천한다, 실행한다, 실시한다

수행한다, 추진한다, 진행한다, 활용한다, 협력한다

지원한다, 조언한다, 신속히 한다, 명확히 한다

원활히 한다, 공유화한다, 향상시킨다, 기획한다

POINT

일의 목적을 항상 가장 먼저 생각하자.

07

"오늘은 해야 할 일을 끝내고
반드시 정시에 퇴근하겠어!"

• • •　"오늘은 해야 할 일을 끝내고 정시에 퇴근하겠어!"
라며 기운차게 업무를 시작한다. 그리고 순조롭게 업무를 처리
한 뒤 퇴근 준비를 하는데, 문득 깜빡하고 처리하지 못한 업무나
답장을 깜빡한 이메일이 떠올라 '어떡하지? 마저 처리하고 퇴근
할까? 아니면 오늘은 그냥 퇴근하고 내일 출근하자마자 할까?'
라고 고민한다. 여러분도 이런 경험을 해본 적이 있을지 모른다.

업무를 관리하는 수단이 많으면 모든 업무를 한꺼번에 파악하기 어렵다. 안 그래도 업무량이 늘어나면 관리가 어려워지는데, 하물며 이메일, 캘린더, 수첩, to do list 등 다양한 수단으로 업무를 관리하면 못 보고 지나가거나 대응을 깜빡하는 일이 생길 수밖에 없다. 아니면 할 일을 언제 시작해서 언제 끝낼 것인지 시간 할당을 하지 못했을 수도 있다.

기본적으로는 디지털 캘린더를 이용해 시간을 축으로 업무 관리를 하는 방식을 추천한다.
업무에는 반드시 시작과 마감이 있다. 그러므로 업무나 작업을 한곳에 관리하며 시간을 축으로 생각하면 모든 것이 연결된다.

또한 작업 분류를 할 때 같은 업무나 비슷한 작업을 한꺼번에 처리할 수 있도록 일정을 짜면 그때그때 준비하는 수고와 시간 낭비를 줄일 수 있다.
이를테면 전화를 거는 시간대를 정해 놓고 약속 잡기나 업무 연락, 업무 확인 등을 한꺼번에 처리하거나 데이터 입력 작업을 연속해서 처리하는 방식이다.

할 일을 캘린더에 입력해 연결시키면 언제 무엇을 해야 할지 명확해져 실행하기가 쉽다. 쉽게 말해 수업과 마찬가지로 시간표에 맞춰 단순하게 실행함으로써 눈앞의 일에 집중할 수 있다.

POINT
비슷한 작업을 한꺼번에 처리할 수 있도록 시간을 정한다.

캘린더

출근	
9	
10	
11	
12	
13	
14	부서 회의
15	
16	
17	기획 회의
퇴근	

To do list

☑ 과장님에게 전주 업무 보고
　(10시까지)

☐ 부서 회의 준비

☐ 송년회 기획

☐ 프레젠테이션 자료 작성

☑ 경비 정산(14시까지) 필수!

전화

📞 A 사에 전화

📞 B 사에 전화(11시까지)

📞 C 사에 전화

📞 ○ A 씨에게 전화

📞 △ B 씨에게 전화

이메일

✉ D 사에 이메일(오전 중)

✉ E 사에 이메일

✉ ◎ C 씨에게 이메일

✉ ● D 씨에게 이메일

✉ ☐ E 씨에게 이메일
　　(출근하자마자)

따로따로 관리하지 않고
시간을 축으로
한 곳에서 관리한다.

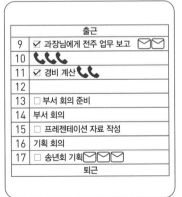

출근	
9	☑ 과장님에게 전주 업무 보고 ✉✉
10	📞📞📞
11	☑ 경비 계산 📞📞
12	
13	☐ 부서 회의 준비
14	부서 회의
15	☐ 프레젠테이션 자료 작성
16	기획 회의
17	☐ 송년회 기획 ✉✉✉
퇴근	

08

고수는 새의 눈, 곤충의 눈,
물고기의 눈으로 바라본다

· · · 업무를 보는 눈은 크게 세 가지 종류가 있다. '세 가
지 눈'이란, '새의 눈, 곤충의 눈, 물고기의 눈'이다. 새의 눈은
전체를 파악하는 눈이고, 곤충의 눈은 눈앞의 것을 자세히 볼 수
있는 눈이며, 물고기의 눈은 전체의 흐름을 보는 눈을 의미한다.
디지털 캘린더는 이 세 가지 눈을 그때그때 전환할 수 있다.
새의 눈으로 연간, 월간, 주간 일정을 바라보면 특정 업무에 얽
매이지 않고 일의 전체를 볼 수 있다. 업무가 집중된 시기를 파

악하고, 일정을 조정하며, 사전 준비가 필요한지 여부를 판단할 수 있을 뿐만 아니라 빈 시간을 쉽게 찾아낼 수 있다.

일정을 외출, 미팅, 담당 작업 등 종류별 또는 중요도별로 분류해 다른 색으로 관리하면 캘린더를 보기만 해도 직관적으로 일정을 파악할 수 있다.

곤충의 눈으로 전환하려면 디지털 캘린더를 한두 번 클릭하면 된다. 그럼 간단하게 업무의 상세한 내용을 확인할 수 있다. 예컨대 미팅 일정의 상세한 내용을 들여다보면 의제와 결정이 필요한 항목, 관련 자료와 정보를 확인할 수 있다.

물고기의 눈으로 전체 일정을 바라보고 과거와 최근의 일정을 비교해 업무 흐름과 경향을 파악하기도 쉽다. 빈 시간이나 여유가 얼마나 있는지를 알 수 있기 때문에 필요할 때 임기응변을 발휘해 업무 일정을 변경할 수 있다. 또한 일정을 짜는 방식을 자신의 스타일에 맞춰 개선할 수도 있다.

> **POINT**
> 다양한 시점에서 일정을 관리할 수 있도록 만들어놓는다.

통상적인 캘린더와 '기타 업무' 캘린더를 동시에 표시한다

월

주

일

마이크로소프트 아웃룩의 경우

시간관리는 매의 눈으로

11시 59분 59초… 땡!
점심시간입니다!

매의 눈으로 시야는 넓게
목표물은 정확하게

요약하기

- 업무 일정 관리는 수첩보다 디지털 캘린더를 이용하는 편이 더 장점이 많다.

- 하지 않을 일을 결정하고 해야 할 업무에 집중한다.

- '당장 시작하기'와 '건전한 미루기'를 조합해 일정을 짠다.

- 흩어져 있는 자료를 통합해 관리하면 찾는 수고와 시간뿐 아니라 실수나 누락도 줄어든다.

- 업무 일정 관리는 작업 분류에서 시작된다.

- 성과물을 작업명으로 정리하면 무엇을 해야 할지 더욱 명확해진다.

- 캘린더를 이용하고 시간을 축으로 작업을 관리한다.

- 목적이나 용도에 맞춰 일정 표시 형식을 전환한다.

4 장

시간관리는 과학이다

- 우선순위와 합격 라인 공식

CHECK LIST

- [ ] '조금은 늦어도 상관없잖아?'라고 생각한다.
- [ ] 무리한 일정에도 무조건 "네"라고 말한다.
- [ ] 기한을 설정하지 않고 일한다.
- [ ] 뒤로 미뤘던 업무에 제대로 대응하지 못한다.
- [ ] 이 시간까지는 반드시 끝낸다고 자신과 약속하지 않는다.
- [ ] 최단 시간에 끝낼 방법을 궁리하지 않고 일한다.
- [ ] 종종 무엇을 해야 할지 몰라서 사고 정지 상태에 빠진다.
- [ ] 기한까지 남은 일수를 의식하지 않고 일한다.
- [ ] 업무의 완료 기준이 불명확하다.
- [ ] 자신이 생각하는 이상적인 형태에 지나치게 집착한다.
- [ ] 미팅을 할 때 시간을 확인하지 않는다.
- [ ] 미팅이 끝난 뒤의 상태를 머릿속에 떠올리지 못한다.

01

시간관리가 당신의 역량과
신용 평가의 기준임을 명심하자

· · · "조금 늦어질 것 같습니다."

하지만 회사에서 '조금'의 대가는 결코 작지 않다. 일정을 지키지
못하면 평가는 마이너스다. 일정을 맞추지 못한 사람은 약속을
지키지 못한 사람이다.

일정 지연이 습관인 사람은 상습적으로 약속을 깨서 신용을 얻
지 못한다. 그런 사람이 약속을 어기면 사람들은 자동으로 이런

반응을 보인다.

'저 사람은 늘 이런 식이지. 하긴 할 거야. 언젠가는.'

애초에 기한을 지키리라 기대하지 않고 관심조차 없다. 부정과 체념의 반응이다.

물론 일정 지연이 습관인 사람은 오히려 상대의 기대를 낮추는 자신만의 전략이라 항변하기도 한다.

미안하지만 그것은 전략이 아니다. 그런 전략을 구사하면 그저 같이 일하고 싶지 않은 상대가 될 뿐이다. 신뢰할 수 없다는 이유로 거부당할 수도 있다.

일정 지연이 습관인 사람은 타인의 평가가 문제가 아니라, 신용과 신뢰를 잃고 있음을 진지하게 받아들여야 한다. 계획대로 일정을 진행해 자신과의 약속을 지키고, 일을 기한 안에 끝냄으로써 타인과의 약속도 지키기 위해 노력해야 한다.

업무 약속을 지키기 위해서는 자신의 시간과 업무량의 균형을 맞춰야 한다.

근무 시간과 업무량의 균형을 맞추고 있는가?

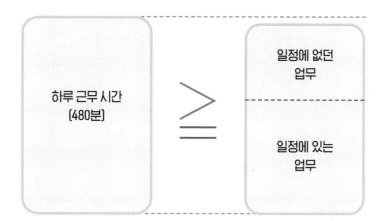

POINT

일정이 자주 늦는 사람은 동료들로부터 신뢰를 얻지 못한다.

02

일의 우선순위는 마감일로부터
일정을 역산해 결정한다

• • ◆ 　업무 우선순위는 긴급도와 중요도를 바탕으로 결정한다. 일반적으로 이렇게 이야기하지만, 업무 현장에서는 이러한 기준이 적용되지 않는 경우가 많다. 긴급도와 중요도는 직원이 통제하기 어렵고 상사와 회사가 결정할 때가 많기 때문이다.

마감일을 기준으로 역산해서 결정한 것이 현실적이고 실천적인 우선순위다. 우선순위를 정할 때는 업무 처리에 걸리는 소요 시

간과 다른 사람에게 의뢰할 부분(상사의 확인과 검토)도 고려할
필요가 있다.

아래 표를 보면 마감일이 다른 세 업무가 있다. 각각의 소요 시
간을 계산하고 이를 역산해서 업무 순서를 결정하면 우선순위가
보인다. 마감일이 촉박한 업무 B를 가장 먼저 시작하고, 시간이
많이 걸리는 업무 A를 C보다 먼저 시작한다.

마감일로부터 역산해서 일의 우선순위를 결정한다

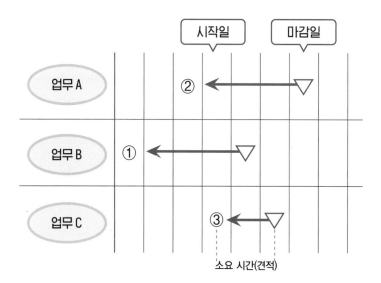

업무의 시작부터 완료까지 진행 상황을 나눈 뒤, 마감일로부터 소요 시간을 역산하면 내가 할 일과 업무 요청을 할 일을 구분하기가 훨씬 쉽다.

예컨대 '기획서 제출'에 대해 마감일로부터 역산하면 아래와 같은 시간이 필요하다. 참고로 자신이 통제할 수 없는 작업은 기간을 넉넉하게 설정하는 것이 안전하다.

마감일로부터 역산해서 일정을 계획한다

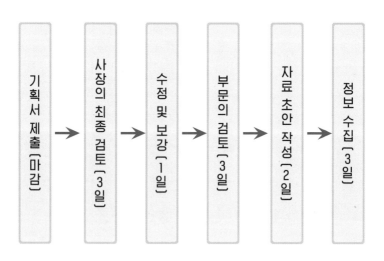

기획서 제출이라는 목표를 정하고, 이 목표를 달성하기 위해 할 일을 생각하며, 각 작업의 소요 시간 견적을 낸다.

이때 담당 부문의 검토와 사장의 검토 작업은 자신이 통제할 수 없는 부분이므로 작업 기간을 3일로 조금 넉넉하게 잡는다.

그럼 12영업일이 필요하다는 결론이 나오므로 최종 마감일로부터 늦어도 3주 전에는 일을 시작해야 한다.

이렇게 하면 업무 시작일을 막연하게 생각하고 있다가 뒤늦게 허둥대는 사태를 방지할 수 있다.

POINT
마감일로부터 역산해서 우선순위를 결정한다.

03

일찍 끝내는 습관을 들이면
더 이상 마감이 두렵지 않다

• • •　직장인이 가장 듣기 싫어하는 단어 중 하나가 '마감'과 '기한'이다. 싫지만 어쩔 도리가 없다. 마감이 없으면 일의 끝이 보이지 않기 때문이다. 마감이 있어야 미루지 않고 '이제 시작하자!'라며 결심할 수 있다.

학창 시절 시험을 떠올려보자. 정해진 시간 안에 문제를 다 풀어야 한다는 생각에 눈앞의 시험지에 집중하게 된다. 일도 이와 같은 감각이 필요하다. 마감일이 있으면 눈앞의 업무에 집중해서 빠르게 끝낼 수 있다.

마음속에 실제 마감일보다 조금 촉박하게 마감일을 설정해 놓으면 업무가 원활하게 진행되는 경우가 많다. 스스로 일정을 앞당기는 것은 자신을 괴롭히는 일이 아니며, 일단 시작하도록 촉진하는 효과가 있다. 또한 기한을 넘기거나 겨우겨우 맞추는 일도 줄일 수 있다.

마감까지 여유가 있다는 이유로 일을 미루면 갑자기 급한 업무가 들어오거나 문제가 발생했을 때 일에 쫓기는 상황이 되어 정신적으로 피곤하고, 다른 업무에도 영향을 끼친다.
한편 마감일을 앞당겨 놓으면 자신이 그 업무를 주도적으로 이끄는 기분이 되어 심리적으로 편해진다. 오히려 '어떻게 해야 한정된 시간에 이 일을 마칠 수 있을까?'를 궁리하며 적극적으로 일할 수 있다.

그리고 앞당긴 마감일에 맞춰 일을 끝낸다면 대성공이다. 시간에 여유가 생겨 급한 안건이 생기더라도 차분하게 대응할 수 있으며, 야근도 줄일 수 있다.

또한 기한보다 일찍 끝마치는 경험을 함으로써 자신감도 붙는다. 당신에 대한 다른 사람들의 평가 역시 높아질지 모른다. 그리고 이러한 성공 체험은 습관화로 이어져 더 짧은 시간에 성과를 내는 업무 스타일을 확립할 수 있게 된다.

POINT
기한보다 일찍 끝내려고 시도한다.

마감 공포증

일정에 쫓겨 회사 가기 싫은 당신에게

04

품질이냐 속도냐?
합격 라인에 정확히 맞추는 법

· · · 　운전면허를 따야겠다고 마음먹는다면 대부분 단기간 합격을 목표로 한다. 마찬가지로 업무에서도 합격 라인을 명확히 알아야 한다. 요컨대 정해진 기간 동안 무작정 열심히 노력하는 것이 아니다. '합격'의 평가를 받기 위해 최소한 무엇을 할지 명확히 파악한 뒤 해내야 한다.

어느 날 갑자기 '하늘'에서 일이 떨어진다. (직장인이면 무슨 말인지 다 알 테다.) 시간은 짧고 남들 앞에서 뭔가 보여줘야 할 때 허둥지둥대지 말고, 최소한 무엇을 하면 되는지 이 일의 '합격 라인'을 확인해야 한다.

다시 말해 '완성 기준'이 명확해야 일을 제대로 해낼 수 있다. 반대로 완성 기준이 명확하지 않으면 어디까지 해야 할지 감을 잡기 어렵다.

즉 품질이냐 속도냐, 그것이 문제로다.

완성 기준에 따라 업무는 달라진다. 예컨대 신규 사업의 서비스라면 속도가 요구되지만, 안전과 관련된 서비스라면 시간을 들이더라도 품질을 높이는 것이 중요하다.

합격 라인은 모든 업무에서 요구된다. 많은 노력과 고민, 일반적인 수준과 같은 모호하고 주관적인 합격 라인이 아니라, 누구나 아하! 하고 알 수 있는 수치화된 합격 라인을 정해야 한다.

여기까지 들어와야 합격!

끝날 때까지 끝난 게 아니다…

세 가지 질문을 통해 구체화한다

합격 라인을 수치화하지 못하는 이유 중 하나는 목적이 모호하기 때문이다. 다음 세 가지 질문을 통해 목적을 구체화시켜보자.

〈합격 라인을 정하는 세 가지 질문〉

① 이유는? 왜 그 일을 해야 하는가?

② 목적은? 원하는 성과는 무엇인가?

③ 언제까지? 마감일은 언제인가?

예컨대 다이어트라는 목표가 있다.

〈다이어트 합격 라인 정하기〉

① 이유는? 살이 쪄서 작년에 입었던 정장이 몸에 맞지 않는다.

② 목적은? 정장을 입을 수 있는 체형이 되도록 살을 뺀다.

③ 언제까지? 한 달 뒤에 있는 행사에 정장을 입고 가겠다.

살 뺄 거야, 다이어트 할 거야와 같은 모호한 표현 대신에 작년에는 내 몸에 딱 맞던 정장이 더 이상 맞지 않는 살의 양만큼을 언제까지 빼겠다는 구체적인 합격 라인이 정해진다.

이때 정장 사이즈와 자신의 몸무게, 허리둘레 등 숫자를 계산해 보면 계획을 더 구체적으로 세울 수 있다. 줄인다, 낮춘다 등의 모호한 표현보다 단위나 퍼센트를 이용해 정확한 수치로 표현하면 좋다.

현재 상태와 합격 라인 사이의 괴리에 주목한다

목표나 합격 라인과 마찬가지로 현시점의 상황이나 능력도 구체적으로 파악해야 한다. 즉 지금 단계에서 무엇이 있고 무엇이 없는가, 무엇이 되어 있고 무엇이 되어 있지 않은가를 파악한다. 그리고 이를 통해 명확해진 '부족한 부분'이나 '되어 있지 않은 부분'이 현재 상태와 합격 라인 사이의 괴리이자 과제가 된다. 문제가 구체화되는 것이다.

예컨대 '데이터 등록 속도를 높이고 싶다'가 아니라 '1시간에 데이터 60건을 등록할 수 있게 하고 싶다'라는 목표를 세웠다고 가정하자.

그러나 현재는 1시간에 40건밖에 등록하지 못하고 있음을 파악한다면 합격 라인과 현재 상태 사이의 괴리가 20건임을 확인하고, 20건을 늘리기 위한 구체적인 방법을 궁리할 수 있게 된다.

목표를 숫자로 바꾸는 방법

무엇을 하면 최종 목표를 달성할 수 있느냐는 관점에서 목표를 성과나 프로세스로 작게 나누면 수치화가 가능하다.

'품질 향상을 지향한다'라는 목표의 경우, 목표 자체를 수치화하기는 어렵다. 그러나 품질에 관한 성과나 프로세스로 나누면 수치화가 가능하다.

이를테면 '고장에 따른 클레임 건수를 3개월 이내에 절반으로 줄인다', '수리와 관련된 문의 건수를 1년 이내에 40퍼센트 감소시킨다'와 같이 구체화하는 것이다.

이런 식으로 요구되는 성과와 현재 상황, 둘 사이의 괴리를 수치화해 명확히 하면 무엇을 해야 할지 분명해져 업무를 정확히 진행할 수 있다.

05

어렵게 느껴져 엄두가 안 나는 일은
작게 나누는 것이 포인트!

• • •　골치 아픈 문제가 생겨 대응해야 할 때는 어디부터
손을 대야 할까?

프로젝트 규모의 업무를 맡아 열심히 하자고 마음먹었는데 무엇
부터 해야 할지 엄두가 안 나서 좀처럼 시작하지 못한다. 일을
시작해야지 하면서도 왠지 어렵게 느껴져 만사가 귀찮고 손도
대기 싫다.

이처럼 어렵게 느껴지는 일은 너무 크게 생각하지 말고 작게 쪼개서 시작하는 것이 포인트다. 어디까지 쪼개야 할까? 마음속에서 이 정도면 이해할 수 있지, 이 정도면 할 수 있어라고 생각이 드는 지점까지다.

예컨대 '신제품 발표 세미나의 기획'을 맡았다. 그럼 신제품 발표 세미나라는 엄청나게 중요한 일을 기획해야 한다가 아니라, 참가 대상자, 개최 장소, 모객 방법의 결정과 같이 업무의 흐름과 단계, 할 일을 정리하면서 작게 나누는 것이다.

업무 행동을 '한마디'로 표현할 수 있는 수준까지 작게 나누면 첫걸음을 내딛기가 쉽다. 일을 작게 나누고 각 작업의 구체적인 성과 목표와 마감일을 정한다. 모호한 부분을 구체적으로 정리하면 시작을 막는 허들을 낮출 수 있다.

기한에 여유가 있을 경우는 날짜가 아니라 '앞으로 몇 주', '앞으로 며칠'과 같은 식으로 시간이 얼마나 남았는지 생각하면 일정을 실감할 수 있다.

일단 첫걸음을 내딛는 것이 중요하다. 시작해봐야 무엇을 할지, 누구에게 도움을 요청할지 알 수 있다. 그래야 마감일 직전 허둥대는 일 없이 대책을 마련할 수 있다.

> **POINT**
> 큰 규모의 일은 작게 나눈다.

06

잘못된 시간관리는 기대에 부응하고 싶은 마음에서 비롯된다

• • • "그거 끝내는 데 얼마나 걸릴 것 같아?"

상사나 선배로부터 주로 받는 질문이다. 이런 작업 일정 견적에 대한 질문을 받으면 당신은 보통 어떻게 대답하는가? 혹시 예상보다 더 빠른 일정으로 답한 적은 없는가? 왠지 상대가 독촉을 하는 것 같아서 일정을 당겨서 말했다가 손해 본 경우 말이다.

작업 시간 견적을 내는 일은 쉽고 단순하다. 그러나 견적을 안일하게 내면 마감일에 쫓겨 마음이 불안해지고, 다른 사람들을 기다리게 해서 업무를 지연시킬 수도 있다.

작업 시간 견적을 잘못 내면 낮은 평가를 받고 신뢰도 잃는다. 그러므로 작업 일정 견적을 낼 때는 조금 여유 있게 계산하는 것이 중요하다.

견적을 안일하게 내는 사람들 가운데는 일이 잘 풀리면 이쯤 끝나지 않을까 하는 기대를 바탕으로 계산하는 경우가 많다. 사람들에게 잘 보이고 싶은 마음, 상대의 기대에 부응하고 싶은 마음이 커서 최대한 빠른 일정으로 답하는 것이다.

그러나 작업 시간 견적을 잘못 내면 전체적인 업무 흐름에 영향을 끼친다. 그러므로 희망적인 관측은 버리고 확실하게 업무를 완료할 수 있는 시간을 검토한다. 소요 시간뿐 아니라 다른 업무량과 휴일 등의 일정도 포함해서 계산한다.

어떤 일은 여유 시간이 더 필요하다. 처음 하는 일이거나 확정되지 않은 요소가 많은 프로젝트의 초기 단계라면 견적의 1.5~2 배 정도 넉넉하게 일정을 계획하자.

작업 시간 견적의 정확도를 개선하면 업무 실패나 심리적인 불안을 줄일 수 있고, 주위 평가와 신뢰도 역시 높아질 수 있다.

> **POINT**
> 희망 사항에 맞춘 계획은 무리수가 될 수 있다.

07

"그 일 어떻게 되고 있지? 왜 이렇게 시간이 오래 걸리나?"

. . .　"그 일을 아직도 하고 있나?" "왜 이렇게 시간이 오래 걸리지?" 여러 가지 조건을 검토해 작업 시간 견적을 냈는데도 불구하고 상사로부터 질책과 재촉을 당할 때가 있다. 서로의 기준에서 볼 때 작업 시간 견적에 차이가 있기 때문이다.

당신에게 업무를 맡긴 요청자와 작업 시간에 대한 의견 차이가 생길 수 있는 상황을 미리 파악하고 문제를 해결하자.

업무 요청자와의 괴리를 없애는 방법

선배나 동료와 상담을 한다

당신보다 업무 지식과 경험이 많고 기술과 능력이 뛰어난 선배나 동료에게 조언을 구한다.

먼저, 할 일을 구체적으로 정리하고 누락된 작업이 없는지 점검한다. 그리고 당신이 생각한 작업 시간과 다른 사람이 생각한 작업 시간에 어떤 차이가 있는지 확인한다.

원인을 파악한 다음 개선책을 검토한다

작업 시간에 차이가 생기는 원인을 구체적으로 찾아본다. 특정 전문 지식이 필요한 일이라면 상사와 문제를 상의해서 효율적인 학습 계획을 세운다. 예컨대 엑셀, 워드 등 소프트웨어 활용 기술이 좀 더 요구된다면 책과 인터넷을 통해 공부하거나 온라인 강의를 들을 수 있다.

업무 요청자와 협의해 일정을 조정한다

작업 시간 견적과 일정 공유는 물론 해결해야 할 문제와 대책을 가능한 빠르게 공유하는 과정이 중요하다. 그 일을 하기 위해 어떤 조사와 학습이 필요한지, 어떤 성과물이 요구되는지 등 문제와 대책을 함께 논의하고 일정을 협의하는 것이다. 서로의 상황을 정확히 인식하고 협력하면서 적절한 일정을 계획해야 한다.

POINT
작업 시간에 대한 의견 차이를 좁혀나간다.

08

일단 뜨겁게 시작하라!
완벽한 결과보다 중요한 건 과정이다

• • •　　　업무와 계획에서 '100퍼센트 완벽한' 상태는 존재하
지 않는다. 하지만 사람들은 무의식중에 좀 더 나은 결과물을 추
구한다. 말로는 '좀 더'라고 하면서 스스로 만족할 때까지 더 나
은 결과물을 원하는 것이다.

완벽을 추구하는 성향은 일종의 집착이다. 집착이 너무 강하면
시간이 부족해서 일정에 쫓기고 결국 마감일을 미룬다. 자신의
목을 제 손으로 조르는 것이다.

그렇다고 '완성도 따위는 신경 쓰지 않겠어'라는 자세로 대충 일하라는 이야기가 아니다. 실제로 완성도는 70퍼센트 정도가 적절하지만 그런 표현은 오해를 불러일으킬 수 있으므로 그 대신 '작업의 질÷시간' 공식으로 업무 성과의 가치를 생각해보자.

중간 결과물을 최대한 빠르게 최저한의 수준으로 완성한 뒤 업무 요청자와 공유하고 피드백을 받는다. 수정 사항이나 개선 여부는 요청자가 판단하도록 한다. 그럼 완벽에 대한 괜한 집착이나 불필요한 감정으로 업무에 방해를 받지 않을 수 있다.

처음 계획했던 작업 시간의 70퍼센트만을 들여서 끝낸다는 목표로 일을 진행하는 단순한 방법도 효과적이다. 요컨대 완벽한 이상을 지향하기보다 기간 안에 완성시켜 제출하는 것을 목표로 삼는 것이다.

시작 단계에서 계획이나 궁리에 많은 시간을 들였는데 중간에 상황이 갑자기 바뀌어 계획이 무색해지는 경우가 다반사다. 그러니 일단 시작해야 한다. 실제로 일을 시작해보면 머릿속으로는 예상하지 못했던 상황과 일의 난이도를 체감할 수 있기 때문이다. 이런 과정을 통해 일을 진행하면서 필요에 따라 계획을 수정하면 된다.

> **POINT**
> 업무의 질이 아닌 속도에 우선순위를 둔다.

09

시간관리를 잘하는 사람은
미팅과 회의도 효율적으로 한다

• • •　　미팅 내용에 관해 불만을 늘어놓으면서도 미팅을 늦게 시작하거나 예정된 시간보다 늦게 끝내는 것에는 관대한 사람이 많은 이유는 무엇일까?

업무를 확실하게 끝마칠 줄 아는 사람은 업무를 완료시키는 조건이나 기준을 명확히 설정한다. 이것은 미팅이나 회의의 경우도 마찬가지다. 미팅을 하기 전에 목적이나 목표가 무엇인지 결정하는 것, 즉 미팅의 종료 조건을 명확히 하는 것이 중요하다. 그리고 목적을 달성했다면 종료 시간보다 일찍 끝낼 수 있다. 미팅의 목적은 누가 언제까지 무엇을 할지 결정하는 것이다. 미팅을 효과적으로 활용해 단시간에 성과를 내는 데 집중하자.

당신은 미팅 시간을 줄이는 데 필요한 일을 하고 있는가? 다음 체크리스트를 이용해 확인해보자.

☐ 미팅 목적이 명확하며, 참가자와 그 목적을 공유하는가?

☐ 미팅 목적은 '진행 상황 확인'이나 '기획 회의'와 같이 모호하지 않고 구체적인가?

☐ 미팅 전에 어젠다(의제), 목표, 관련 자료를 공유하는가?

☐ 무엇에 관한 의견이나 아이디어를 준비해야 하는지 참석자들에게 미리 공유하는가?

☐ 논의를 하기 위한 기본적인 틀을 준비해 놓는가?

☐ 문제 해결을 위한 아이디어와 제안, 여기에 들어가는 비용 등을 준비해 놓는가?

☐ 시작 시간과 종료 시간을 공유하는가?

☐ 미팅 시간이나 길이를 철저히 지키는가?

☐ 의제별로 배분된 시간을 확인하는가?

☐ 타이머나 시계를 이용해 시간을 자주 확인하는가?

☐ 미팅에 꼭 필요한 사람만을 참석시키는가?

☐ 참가 이유를 설명할 수 있는가?

요약하기

- 마감일에 맞추지 못하는 것은 약속을 어기는 것과 같다.

- 마감일을 기준으로 역산해서 어떤 작업에 착수할지 결정한다.

- 마감일은 업무를 원활히 진행시키는 효과가 있다.

- 누구나 이해할 수 있는 완성 기준을 만든다.

- 어디부터 손을 대야 할지 모르겠다면 알 수 있는 수준까지 작게 나눈다.

- 업무 소요 시간을 견적 내도록 요구받았다면 경험자에게서 배우며 성장의 기회로 삼는다.

- 요구되는 기준과 당신의 집착은 별개다.

- 기한 안에 완성하는 것이 가장 중요하다.

- 미팅을 빨리 끝내고 싶다면 최선을 다해서 종료 조건을 충족 시킨다.

5 장

결국 일은 사람과 관계의 문제다

- 타인에게 휘둘리지 않는 시간관리술

CHECK LIST

- [ ] 다른 사람들과 같은 시간대에 같은 행동을 하고 있다.
- [ ] 기다리는 시간을 효과적으로 활용하지 못한다.
- [ ] 혼자서 전부 끌어안는다.
- [ ] 주위 사람들과 서로 협력하지 않는다.
- [ ] 들어줄 수 없는 부탁에도 "네"라고 대답해버린다.
- [ ] 판단의 이유를 합리적으로 설명하지 못한다.
- [ ] 판단에 지나치게 시간이 걸린다.
- [ ] 상사를 피한다.
- [ ] 방향성을 확인하지 않고 업무를 진행한다.
- [ ] 일정 조정에 시간을 낭비하고 있다.
- [ ] 좋지 않은 타이밍에 부탁을 한다.
- [ ] 회의가 끝난 뒤에 의사록을 작성하기 시작한다.
- [ ] 감정에 사로잡혀 업무를 진행하지 못한다.
- [ ] 분노 때문에 정신적으로 피곤한 상태다.

01

당신도 모르는 사이에
시간을 뺏기는 상황에서 벗어나라

· · · 　업무 중에 자신이 제어하지 못하는 시간은 줄일수록 좋다. 가장 무의미한 시간은 '기다리는 시간'이다. 특히 사람들이 몰리는 시간에는 기다리는 시간이 길어진다. 출근 시간과 점심 식사 시간, 화장실과 회의실, 복사기 이용 시간을 조금만 신경 쓰면 기다리는 시간을 줄일 수 있다.

기다리는 시간을 줄이는 효과적인 방법 중 하나는 '시간차'를 두는 것이다. 사람들이 몰리는 시간대를 피하고 다른 시간대를 이용하는 방법이다.

점심시간이 정해져 있다면 어쩔 수 없지만 피크 타임을 피하면 혼잡한 상황과 대기 시간을 아낄 수 있다. 출근 시간에 언제 사람들이 몰려들어 엘리베이터를 타기가 어려운지, 오전 오후 중 화장실에 언제 사람들이 몰리는지 잘 관찰하면 금세 파악할 수 있다.

복사기 주변에도 사람들이 몰리는 시간이 있고, 주중에 회의가 많은 날도 따로 있다. 급할 때야 어쩔 수 없지만 미리 예약이 가능하다면 몰리는 시간을 피해서 움직이는 것이 효율적이다.

그리고 여러 사람과 함께 일하다 보면 약속 시간에 늦는 사람이 반드시 있다. 회의실에서 누군가를 기다리는 상황이라면 괜히 짜증을 내지 말고 이메일 확인, 일정 관리, 업계 뉴스 살펴보기 등으로 잠깐의 여유를 효과적으로 이용하자.
짜증을 내면 당신만 손해다.

그렇다고 당신도 약속 시간에 늦어도 된다고 안일하게 생각하면 안 된다. 기본적으로 서로의 시간을 존중하고 불필요하게 시간을 빼앗지 않도록 배려하는 행동이 중요하다.

POINT

사람들이 몰리는 시간을 피해 기다리는 시간을 아낄 수 있다.

02

다른 사람으로부터 자발적인 협조를
이끌어내는 관계 유지법

· · ·   자신이 없거나 좋아하지 않는 일은 좀처럼 끝내기
어렵다. 이런 일일수록 다른 사람들의 도움을 받고 효율적으로
끝내는 것이 최선이다. 사람들에게는 저마다 잘하는 분야와 못
하는 분야가 있다. 당신이 잘하지 못하는 일을 잘하는 사람이 있
다면 서로의 강점을 살려서 도움을 주고받자.

일단 주저하지 말고 부탁을 해보자. 안 되는 일을 혼자서 끌어안

고 처리할 때보다 훨씬 일찍 끝낼 수 있을 것이다. 부탁을 하지 못해서 망설이면 시간이 지나도 일을 끝내기 어렵다.

주위 사람들로부터 적절한 지원을 얻기 위해서는 '타인'의 긍정적인 면을 포착할 줄 알아야 한다. 대부분 사람들은 타인의 실수, 실패 등 부정적인 면에 주목하는 경향이 있다.
그러나 당신의 약점을 보완하기 위해서는 평소 긍정적인 시선으로 다른 사람을 관찰하고 그가 무엇을 잘하는지, 무엇을 좋아하는지 알아두어야 한다.

누가 무엇을 잘하는지 파악했다면 언제든 부담 없이 부탁할 수 있도록 우호적인 관계를 만들자. 이를 위해서는 반대로 당신이 먼저 상대에게 지속적으로 도움을 주어야 한다.
가볍게 인사할 기회가 있다면 "언제든 제 도움이 필요한 일이 있으면 말씀해주세요"라고 마무리하자. 그리고 상대가 도움을 요청하면 가능한 범위에서 적극적인 자세로 최선을 다해 협조한다.
일이 잘 끝났다면 거기서 끝, 상대에게 절대 대가를 바라면 안 된다. "이번에 제가 도와드렸으니 다음에 잘 부탁드려요"라고 상대에게 부담을 주거나 '저번에 내가 도와줬으니 이번에는 반드시 나를 도와주겠지'라고 상대의 협조를 당연하게 여기지 마라.
그럼 혼자 잘해주고 상처받는다.

우호적인 관계가 형성되려면 아주 오랜 시간이 걸린다. 회사니까, 일이니까 상대가 당연히 내 부탁을 들어줘야 한다는 생각은 사람이 아닌 기계일 때나 가능하다. 상대에게 피치 못할 상황이 있을 수 있다. 그러니 어떤 상황을 너무 자기중심적으로 바라보고 해석하지 않는 것이 좋다.

일로 만난 사이일수록 멀리 내다보면서 조심스럽게 임해야 한다. 사람들이 자발적으로 당신을 도와주고 싶은 마음이 들도록 일에서 신용을 쌓고 좋은 관계를 유지하자.

> **POINT**
> 평소에 대가를 바라지 않고 돕는 자세가 중요하다.

일로 만난 사이

#일로 만난 사이 #쿨하게 #부담 주지 말고

03

승낙과 거절의 판단 기준이 쌓이면
당신만의 규칙이 생긴다

••• 　당신은 눈앞에 있는 사람이 무엇인가를 부탁했을 때
거절할 수 있는가? 대부분의 사람은 부탁을 받으면 '내가 할 수
있는 일이라면 들어주고 싶다'고 생각한다. 좋은 사람으로 보이
고 싶다는 존경의 욕구도 있을지 모르지만, 기본적으로 돕고 싶
은 마음이 강하기 때문에 "네"라고 말하기 쉽다.

그러나 하루 업무 시간은 480분밖에 없다는 사실을 기억해야 한

다. 만일 모든 부탁에 대해 "네"라고 대답하면 할 일이 많아져 일정 약속을 지키기 어렵다.

즉 눈앞의 사람에게 "네"라고 말하는 것은 다른 사람에게 "미안합니다"라고 거절하는 것과 같다. 일을 무작정 늘리면 본래 할 일을 제대로 할 수 없다. 그리고 회사나 상사에게 '일을 안 하는 사람', '자신의 업무량과 능력도 제대로 파악하지 못하는 사람'으로 평가받기 쉽다.

부탁을 거절하기란 누구나 어렵다. 그러므로 승낙과 거절을 판단하기 전에 그 이유를 생각해보자. 이유가 타당한지 검토하면 논리적인 판단 근거를 설명할 수 있다. 검토가 축적되면 그러한 판단과 근거에 일관된 기준이 생긴다.

당장은 들어주기 어려운 일이라도 가능한 일정을 검토해 역으로 제안할 수도 있다. 상대가 제안한 일정은 어렵지만 언제 이후로는 가능하다고 설명하는 것이다.

POINT
들어줄 수 있는 부탁에만 "네"라고 대답한다.

04

검토와 고민이 필요한 문제는
시간을 정해놓고 결정한다

· · ·　　당신은 지금 어떤 일 때문에 계속 고민에 빠져 있진 않은가? 무언가 마음에 걸려서 걱정되고, 이렇게 할까 저렇게 할까 끙끙 앓는 사이 시간은 훌쩍 지나가버린다.

'고민'은 문제를 해결하지 못한다. 오히려 '뭔가를 하고 싶은 바람'이나 불안과 걱정을 증폭시켜 문제를 더 복잡하게 만든다. 한 세미나에서 프레젠테이션을 맡게 되었을 때 '멋지게 말하고 싶은

데 실수하면 어쩌지', '어려운 질문을 받으면 어떻게 대응할까', '긴장해서 할 말을 잊어버리면 안 되는데', '도중에 갑자기 컴퓨터가 말썽을 부리면 어떡하지' 등 이런저런 불안감에 사로잡힌다.

그리고 고민을 거듭할수록 걱정이 커져 머릿속은 공황 상태가 된다. '나는 못할 것 같아'라며 자기혐오에 빠지기도 한다.

이와는 반대로 '생각'은 문제를 해결한다. 생각은 문제를 단순화해서 구체적인 행동으로 연결한다. 아무리 생각을 해봐도 문제가 정리되지 않거나 괜찮은 아이디어가 떠오르지 않으면 그때는 '생각할 시간'을 결정하는 것이 좋다.

예컨대 어떤 문제에 대해 생각할 시간을 10분으로 정하고 그 시간 동안 집중해서 생각을 하는 것이다. 만일 그 시간 안에 해결되지 않는다면, 혼자서 생각하기를 그만두고 다른 사람에게 조언을 구하고 함께 의논하는 것이 좋다.

> **POINT**
> 문제 해결에 필요한 '생각할 시간'을 미리 정한다.

05

일 잘하는 사람은 상사와
자주 소통하며 조언을 구한다

· · · 　혹시 당신은 상사로부터 스트레스를 받고 있지 않은
가? 대부분 직원들은 상사가 하는 일이 뭔지 잘 모르겠다, 자신
들을 위해 아무것도 해주지 않는다, 직원들을 정당하게 평가해
주지 않는다와 같이 부정적인 감정을 품고 있다.

그러나 업무에서 성과를 내는 사람은 상사를 효과적으로 이용한
다. 일 잘하는 사람은 상사에게 조언을 구하거나 상담을 요청하

는 일에 능숙하다. 필요에 따라 경험이 풍부한 상사를 이용해 과제를 해결하고 업무를 진행한다.

다시 말해 상사를 효과적으로 이용함으로써 업무 속도를 높여 짧은 시간에 성과를 내는 것이다. 또한 상사를 이용해 업무를 원활히 진행하는 가운데 여러 가지 노하우와 개념을 배운다.

상사의 역할은 '승인'뿐만이 아니라 문제 해결과 업무에 도움을 주는 의무도 포함되어 있다. 이런 기능을 제대로 활용하지 않는 것은 매우 아까운 일이다. 상사로부터 도움을 받기 위해서는 일대일 대화를 할 수 있는 미팅을 정례화하는 것이 좋다.

정례 미팅을 하면 서로를 알 수 있는 계기가 되고 신뢰 관계를 구축할 수 있다. 대화 기회가 늘어나면 진행 상황을 공유하면서 예상 가능한 문제를 미리 막을 수 있다. 상사의 도움이 필요한 순간에 조언을 받기가 쉽고, 어떤 상황이 악화되기 전에 대책을 마련할 수 있다.

이렇게 하면 의사 결정과 피드백 속도가 빨라져 단시간에 성과를 낼 수 있다. 즉 상사와의 정례 미팅은 업무 속도를 가속시켜 준다. 일의 방향을 함께 맞춰가면서 어느 정도 업무에 대해 일임을 받으면 자율성 역시 높아진다.

POINT
정례 미팅을 통해 상사를 효과적으로 이용할 기회를 늘린다.

06

적절한 타이밍에 적절한 방법으로
신속하게 소통하자

• • •　업무 일정을 계획할 때는 자신을 지원해 줄 사람의
일정을 확인해놓는 것이 중요하다. 대부분의 업무는 혼자서 완
결할 수 없다. 여러 사람과 협력하며 업무를 처리해야 한다.

예컨대 상사나 선배에게 상담을 구하려면 타이밍을 잘 맞춰야
한다. 업무 미팅이 있거나 외근 전 좋지 않은 타이밍에 말을 걸
면 제대로 이야기를 나누기 어렵다.

이런 경우 상대가 돌아올 때까지 기다리거나 상담이 가능한 다른 사람을 찾아야 하기 때문에 효율성이 떨어진다.

업무상 소통이 필요한 상대의 일정을 미리 파악하는 것은 업무를 원활히 진행하는 데 매우 중요하다. 적절한 타이밍에 적절한 액션을 취해서 신속하게 의사 결정이 이루어지면 전반적인 속도가 상승한다.

다른 사람과 일정을 조정하는 것은 필요 이상으로 시간과 노력이 들어가는 귀찮은 일이다. 구글 캘린더나 아웃룩 등 디지털 캘린더를 활용해 서로의 빈 시간이 공유되면 일정 조정을 쉽게 할 수 있다. 일일이 개개인에게 확인하지 않아도 각 멤버의 일정을 반영해 미팅 일정을 결정하면 효율성이 높아진다.

POINT
지원해 줄 사람의 일정을 사전에 확인해 놓는다.

07

미팅 보고서와 회의록은
빠르게 작성해 공유한다

· · ·　　1시간 이상을 들여 회의록을 작성한 경험이 있는
가? 성실한 사람일수록 미팅에서 나눈 이야기를 전부 기록하고
공유하기 위해 필요 이상의 시간을 들인다.

만일 1시간짜리 미팅 내용을 녹음해서 회의록을 만든다고 하자.
그럼 2~3시간은 훌쩍 지나갈 것이다. 왜 회의록을 만드는 데 그
렇게 많은 시간을 들이는 것일까?

근본적인 원인은 미팅에 대해 제대로 이해하지 못했기 때문이다. 회의록 작성을 어렵게 느끼는 이유는 다음과 같다.

왜 이 미팅을 하는지 알지 못한다.
무엇이 정말 중요한지 알지 못한다.
전문 용어나 대화의 의미를 정확히 모른다.
누가 무엇을 해야 하는지 잘 알지 못한다.
어떻게 정리해서 적어야 할지 알지 못한다.

그러므로 미팅 참석 전에는 참가 목적과 이유, 안건을 미리 확인해야 한다. 미팅 배경이나 대화 대용을 사전에 파악하면 미팅 내용을 잘 이해해서 회의록을 빠르게 작성할 수 있다.

회의록 형식을 미리 만들어놓는 것도 도움이 된다. 예컨대 미팅에서 다룰 의제를 바탕으로 회의록의 기본 틀을 만들면 결정 사항과 액션 플랜만 기입해서 완성하는 것이다. 그뿐만 아니라 미팅이 끝나기 전에 최종 결정 사항과 업무 분장까지 정확히 정리하면 시간을 낭비하는 일이 줄어든다.

회의록을 작성하는 데 너무 많은 시간을 들이지 말고 신속하고 효율적으로 정보를 정리하자. 미팅이 끝나면 최대한 빨리 회의록을 이메일로 공유하는 것이 좋다.

POINT
미팅을 시작하기 전에 회의록 양식을 미리 준비한다.

08

사람 때문에 기분이 상했다면
차분하게 마음을 정리하자

··· 일을 하다 보면 사람 때문에 불쾌한 감정을 느낄 때
가 있다. 조직 생활에 대한 스트레스는 물론 개인적인 이유 때문
에 업무에 집중하지 못하는 경우가 있는데 그렇다면 자신의 상
황을 냉정하게 바라보고 원인을 파악해보자.

배가 고프거나 날씨가 더워서와 같이 간단한 문제 때문이라면
바로 해결이 가능하다. 그러나 타인의 말과 행동에서 비롯된 분

노, 자신이 수긍하지 못하고 통제할 수 없는 일에 대한 짜증은 쉽게 풀리지 않는다.

당신의 문제를 객관적으로 바라보라

아침에 출근을 했는데 업무 시간이 되기도 전에 상사가 당신을 불러서 오늘 안에 끝내야 하는 일의 진행 상황을 물어본다. 그럼 누구든 기분이 좋을 리 없다.

이때는 당신이 느꼈던 감정을 종이에 적어보면 문제의 상황과 원인을 객관적으로 바라보고 마음을 추스르는 데 도움이 된다. 상사는 단지 진행 상황을 확인하려던 의도였는데, 하필이면 그날 일이 많아서 마음이 급한 나머지 업무 시간 전에 당신에게 질문을 던졌을 수도 있다.

상사가 당신에게 업무 일정을 확인하고 대수롭지 않게 넘어갔다면 아무 문제가 아닌 것이다.
문제가 된 상황이 당신의 힘으로 통제할 수 있는지 없는지 명확히 하는 것도 중요하다. 당신의 힘으로 해결할 수 있는 일이라면 오늘 할 일과 비교해보고, 중요도와 긴급도의 정도를 따져서 우선순위가 높은 일을 먼저 처리한다.

해결책이 보이지 않거나 당신의 힘으로 통제할 수 없는 일이라면 일단 그 상황을 받아들인다. 그리고 다른 사람과 문제를 의논하거나 그냥 잊어버리자.

해결하거나 잊어버리거나, 이렇게 정리하면 순간의 감정에 사로잡히지 않고 해야 할 일에 집중할 수 있다.

부정적인 감정을 인지하고 감정을 통제해서 업무에 집중하는 자세가 중요하다. 그리고 완벽한 상태를 지향하지 말고 '아무것도 하지 않는 것보다 뭔가를 하는 것이 낫다'는 마음으로 순간에 집중하자.

POINT
짜증이 나서 집중할 수 없는 상태를 인지하고 문제를 해결한다.

요약하기

- 사람들이 몰리는 시간대를 피해서 당신의 힘으로 통제할 수 없는 일을 줄인다.

- 각자의 강점을 살려서 서로 돕는다.

- 합리적으로 설명할 수 있는 판단 기준을 설정한다.

- 생각하는 시간을 정해놓고 문제 해결에 임한다.

- 상사를 이용해 효율적으로 업무를 진행하고 그로부터 많은 것을 배운다.

- 업무 상담이나 조언을 구하려는 상대의 일정을 미리 파악한다.

- 효과적으로 회의록을 작성할 수 있는 방법을 만든다.

- 짜증이 나서 업무에 집중하기 어려운 문제가 생기면 원인을 파악하고 해결하자.

6 장

책상은 당신의 머릿속을 비추는 거울이다

– 업무 효율을 높이는 자료 정리법

CHECK LIST

- [ ] 똑같은 정보를 복수의 작업 보관소에서 관리하고 있다.
- [ ] 자료나 정보를 너무 세세하게 분류하고 있다.
- [ ] 파일 박스나 클리어파일을 가지고 다니지 않는다.
- [ ] 여기저기에 메모를 해놓는다.
- [ ] 서류를 하나도 버리지 않고 남겨둔다.
- [ ] 서류를 정리하는 데 이메일이나 클라우드 서비스를 이용하지 않는다.
- [ ] 기한이 언제인지 알 수 없게 서류를 관리하고 있다.
- [ ] 서류를 두 번 이상 읽는다.
- [ ] 이메일 검색을 잘 못한다.
- [ ] 이메일을 검색할 때 검색어를 하나만 이용한다.
- [ ] 받은 편지함의 종류가 하나다.
- [ ] 답신을 빠뜨리지 않기 위한 대책이 세워져 있지 않다.
- [ ] 파일명을 지을 때 '검색의 용이성'을 고려하지 않는다.
- [ ] 바탕화면에 임시로 파일을 보관하는 습관이 있다.
- [ ] 책상 위에 물건들을 남겨놓은 채 퇴근한다.

01

당신의 작업 보관소는
모두 몇 개인가?

· · · 　작업 보관소는 업무와 관련된 자료나 정보를 보관 및 관리하는 곳을 의미한다. 작업 보관소의 수가 많으면 자료나 정보를 찾는 횟수가 늘어난다. 두뇌를 전환하는 횟수도 늘어나 그만큼 시간이 더 걸리고 효율이 나빠진다. 그리고 완료되지 않은 작업이 여기저기 있으면 실수나 누락이 발생할 수도 있다.

뒤에 나오는 표를 참고로 작업 보관소의 개수를 세어보라. 각각의 작업 보관소는 다시 세분화되는데, 그것을 전부 별개로 여기고 수를 센다. 예컨대 이메일의 경우 '개인용 계정'과 '그룹용 계정'이 따로 있다면 작업 보관소는 2개가 된다. 이렇게 계산했을 때 작업 보관소는 모두 몇 개인가?

작업 보관소의 수가 20~30개인 사람이 있는가 하면 50개가 넘는 사람도 있다. 만일 두 자릿수 후반이나 100개 이상이라면 심각한 상황이다.

작업 보관소가 많다는 것은 개선의 여지가 크다는 의미이기도 하다. 정보나 자료를 한곳에 모아 관리함으로써 작업 보관소를 줄여나가자.

> **POINT**
> 작업 보관소의 수를 줄이면 업무 효율이 상승한다.

디지털 데이터의 보관 장소

작업 보관소	개수
• 이메일 보관함(계정별)	
• to do list(이메일, 메모장, 엑셀 등)	
• 일정 관리(아웃룩, 구글 등)	
• 업무 전용 소프트웨어(CRM, 회계 소프트웨어 등)	
• 컴퓨터 바탕화면	
• 컴퓨터 이외의 단말기(스마트폰 등)	
• 기타 애플리케이션과 소프트웨어	

그 밖의 보관 장소

작업 보관소	개수
• 머릿속	
• 다른 사람(동료 등)	
• 책상 주변(서랍, 책상 위 등)	
• 책장(근처의 책장, 다른 곳에 있는 책장)	
• 창고	
• to do list(공책, 수첩 등)	
• 캘린더	
• 공책류	
• 가방	
• 포스트잇	
• 메모지	
• 기타 상자나 보관함	

02

작업 보관소를 최소한으로
줄이는 가장 쉬운 방법

• • •　　작업 보관소는 한 자릿수까지 줄이는 것이 좋다. 작업 보관소를 정리하는 핵심 원칙은 자료나 정보를 같은 곳에 모아놓는 것이다. 이때 업무 종류를 기준으로 정리하면 더욱 효과적이다.

아래는 내가 추천하는 유용한 작업 보관소로, 이를 참고해서 당신만의 작업 보관소를 만들어보자.

사무실 서류 보관함

A4 사이즈의 자료나 클리어파일이 넉넉하게 들어가는 충분한
크기의 상자나 보관함이다. 이 상자 안에 서류뿐 아니라 메모지,
이면지, 영수증 등 필요한 자료 전부를 함께 담는다.
작아서 분실하기 쉬운 자료는 클리어파일 안에 끼워서 상자에
넣는다. 서류는 세워 놓으면 식별하기 쉽고 꺼내기도 편하다.

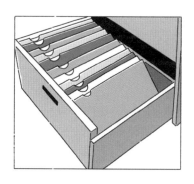 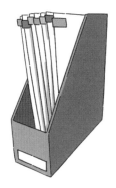

휴대용 서류 보관함

서류나 클리어파일을 넣기 편하고 한꺼번에 들고 다닐 수 있는

보관함이다. 가방의 주머니와 지갑, 명함 지갑 등 이곳저곳에 보관하고 있는 것들을 모두 이 보관함에 담아 정리한다.

이메일

업무에 도움이 되는 가장 편리한 작업 보관소다. 이메일은 정보 공유는 물론 정보 보존 수단으로서도 꼭 필요한 커뮤니케이션 도구다.

복수의 계정을 이용하고 있다면 가급적 하나로 합치는 것이 좋다. 그럼 계정을 전환하거나 다른 웹사이트에 로그인하는 수고를 줄일 수 있다.

메모, 사진, 아이디어 등의 자료도 이메일로 보내 커뮤니케이션 도구를 하나로 통일하면 작업보관소의 수를 줄일 수 있다.

메신저

회사에 따라서 메신저 이용을 제한받는 경우도 있지만, 실시간 커뮤니케이션은 물론 정보 및 파일 공유가 가능한 메신저 프로그램은 이메일과 마찬가지로 없어서는 안 될 업무 도구다.

사람들이 주로 이용하는 메신저 프로그램은 스카이프, 카카오톡, 페이스북 등이 있다. 팀즈, 슬랙, 채트워크 같은 비즈니스용 메신저 프로그램을 이용하는 방법도 효과적이다.

메신저에 공유된 중요한 대화는 복사하거나 스크린샷을 찍어서 이메일 계정에 보내놓으면 좋다.

클라우드

클라우드는 인터넷상에서 파일 보관 및 공유를 할 수 있는 저장소다. 이 역시 회사 내부 기준에 따라 이용이 제한되는 경우가 있다. 대표적인 클라우드 서비스로는 드롭박스, 박스, 원드라이브, 구글드라이브 등이 있다. 노트 형식으로 정보를 정리해 축적하는 에버노트 역시 클라우드 저장소에 해당한다.

클라우드는 언제 어디서나 접속할 수 있고 파일 공유와 공동 작업이 쉽다는 장점이 있다. 용량이 큰 파일을 쉽게 공유할 수 있고, 이메일의 첨부 파일도 어느 것이 가장 최근 파일인지 몰라서

쩔쩔맬 일도 없다. 데이터가 백업되기 때문에 이전 데이터도 참조할 수 있다.

작업 보관소를 줄이기 위해 정리를 하다 보면 버려도 될지 알 수 없는 서류와 데이터가 나온다. 당장에 버리기가 망설여질 때는 정리를 잠시 보류하고 일정 기간이 지났을 때 파기를 한다. 파기가 불안할 경우, 사진을 찍거나 스캔을 해서 디지털 데이터로 남겨 놓으면 된다.

> **POINT**
> 이메일과 메신저를 활용해 작업 보관소의 수를 줄인다.

03

"어디에 메모했더라?
분명 여기에 적어둔 것 같은데"

• • •　　메모 습관은 업무 진행에 매우 중요하다. 메모의 목적은 다양하다. 공유받은 정보를 잊지 않기 위해, 아이디어를 떠올리거나 영감을 얻기 위해, 누군가에게 전할 내용을 간결하게 정리하기 위해. 다만 이곳저곳에 메모를 하면 언제 어디에 무엇을 적었는지 기억이 나지 않아서 당황할 수 있으므로 메모 역시 한 곳에 관리하는 것이 중요하다.

작업 보관소를 줄이기 위해서는 아날로그식 메모장이나 공책이 아닌 다른 방법으로 메모를 정리하는 것이 효과적이다.

첫째, 메모를 한 뒤에 메모장이나 공책에서 찢어 파일 박스에 보관한다. 메모를 장기간 보관할 필요가 없어서 포스트잇처럼 이용하고 있다면 이 방법이 간편하다.

둘째, 스마트폰으로 메모를 촬영해 자신의 이메일 계정에 보낸다. 메모를 파기하기보다 기록으로 남기고 싶을 때 편리하다. 이메일 제목이나 본문에 키워드를 입력해놓으면 검색도 쉽다.

셋째, 에버노트 등 클라우드 서비스로 한꺼번에 관리한다.

어디에 메모했더라? 분명 여기에 적어둔 것 같은데… 위 세 가지 방법 모두 메모 관리의 수고를 줄여준다. 메모를 찾는 시간과 두뇌 전환 횟수가 감소해 업무 효율도 상승한다. 메모는 정보다. 정보는 가급적 한 곳에 모아 관리하자.

POINT
메모를 이곳저곳에 보관하지 않는다.

04

파일은 단순하게 보관하고
긴급도에 따라 색을 정하자

· · ·　　서류와 문서를 모은 클리어파일, 영수증을 넣은 봉투에는 제출일과 마감일을 적고 날짜순으로 정리해 수납한다. 업무의 긴급도별로 다른 색깔의 클리어파일을 이용하면 더욱 효과적이다.

예컨대 긴급한 업무라면 '빨간색', 한 달 안에 끝내야 한다면 '노란색', 편리한 정보라면 '초록색', 나머지는 '투명'과 같은 식으로 규칙을 정한다.

참고로 긴급도가 바뀌면 클리어파일의 색도 바꿔야 하므로 업무를 너무 자세하게 분류하지 않는 것이 좋다. 예컨대 '오늘 안'은 빨간색, '이번 주 안'은 오렌지색, '다음 주까지'는 노란색, '한 달 안'은 파란색과 같이 규칙을 정하면 파일을 바꾸는 작업에 손이 많이 가서 번거롭다.

그러므로 가능하면 파일은 단순하게 분류해서 관리하자. 클리어파일의 색만 보고도 업무의 긴급도를 한눈에 알 수 있으므로 지금 당장 할 일인지 판단하기 위해 서류와 메모 내용을 확인할 필요가 없다. 서류를 여러 번 읽는 일도 줄어들기 때문에 업무 효율이 상승한다.

또한 팀 단위의 일인 경우, 다른 사람에게 요청한 일은 '의뢰 중'으로 따로 분류해 관리하는 것도 방법이다. 담당 업무가 끝났더라도 의뢰한 작업이 끝나지 않으면 그 일은 완료되지 않은 상태이기 때문이다. 진행 상황 확인이 필요한 작업으로 클리어파일을 이용해 분류하면 효율적으로 관리할 수 있다.

클리어파일을 이용한 업무 분류법

빨간색은 무조건 오늘까지!

노란색은 다음 주

파란색은 한 달 안에

서류철의 색깔을 종류별로 구분하면
업무의 긴급도를 한눈에 알 수 있다.

05

메일 검색 기능을 활용해
원하는 정보를 빠르게 얻는 법

• • •   당신은 필요한 이메일을 찾는 데 시간을 낭비하고
있지는 않은가? 이메일 검색 기능이 있는데도 이를 이용하지 않
는 사람이 꽤 많다. 메일 키워드를 검색어로 입력하면 가장 빨리
원하는 이메일을 찾을 수 있는데 말이다. 평소 편지함을 잘 정리
해놓지 않아도 이메일 검색 기능을 이용하면 정보를 쉽게 찾는
다. 이를 위해서는 중요한 작업 보관소 중 하나인 이메일의 검색
원리를 이해해야 한다.

이메일을 효율적으로 관리하기 위해 어떤 단어나 조건을 이용해 검색을 하는가? 검색어를 입력할 때의 포인트는 크게 세 가지다.

① 검색어

검색어는 3개 이상이 좋다. 이 점을 의식하고 이메일을 검색하면 성공률과 속도가 크게 상승한다. 다음에 소개하는 '보낸 사람'과 '첨부 파일 유무'를 검색어에 포함해도 무방하다.

② 보낸 사람

우리는 언제나 사람들과의 관계 속에서 일한다. 이메일의 경우 '보낸 사람'과 '당신'의 관계가 기본이다. 또한 '보낸 사람'이 참조 기능을 이용해 '당신'에게 참조 메일을 보냈을 때는 '받는 사람'도 함께 검색하면 이메일을 더 빠르게 찾아낼 수 있다.

③ 첨부 파일 유무

찾는 이메일의 종류를 기준으로 검색 대상을 압축한다. 계약서 나 기획서 같은 서류인가, 사진이나 영상 같은 파일인가? 파일의 종류를 알고 있을 경우 그 역시 검색어로 입력하면 검색 대상을 더 효율적으로 압축할 수 있다.

검색어로 이메일이나 첨부 파일을 찾는다

06

받은 편지함에서 가장 먼저 대응해야 할 이메일은 무엇일까?

· · · 　반드시 대응해야 하는 이메일에 초점을 맞출 수 있도록 받은 편지함을 분류하자.

어떤 이메일을 가장 먼저 읽어야 할까?

받은 편지함에는 우선도가 높은 내용부터 읽을 필요 없는 내용까지 온갖 이메일이 뒤섞여 있다. 중요한 이메일을 가장 먼저 읽을 수 있도록 불필요하거나 우선도가 낮은 이메일을 받은 편지함에서 치우는 작업부터 시작하자.

불필요한 이메일

읽지 않는 광고 이메일은 수신 거부 설정을 하고 삭제한다. 예컨대 제목에 '광고'가 포함된 이메일은 휴지통으로 이동시키는 규칙을 설정해서 광고나 뉴스 이메일이 받은 편지함에 들어오지 않게 막는다.

정보 이메일

정보 수집 또는 스터디를 위한 이메일의 경우 전용 폴더를 만들어 보관한다. 예컨대 보낸 사람이 '이메일 구독 서비스 기업'이라면 전용 폴더로 이동시킨다는 규칙을 설정해서 분류해놓고 나중에 한꺼번에 몰아서 읽으면 효율이 좋다.

통지 이메일

시스템에서 자동으로 보내는, 답신할 필요가 없는 통지 이메일의 경우도 전용 폴더를 만든다.

불필요한 이메일, 정보 이메일, 통지 이메일, 이렇게 세 종류의 이메일을 정리한 뒤 받은 편지함에 남은 이메일이 우선적으로 대응해야 할 이메일이다.

여기서 한 발 더 나아가 주요 안건에 대한 이메일이나 중요한 사람이 보낸 이메일을 최우선으로 대응하고 싶을 때는 이와 관련된 분류 규칙을 추가하자.

언제 시작해서 언제까지 끝내야 하는가?

업무의 효율성을 높이기 위해 이메일은 '읽은 즉시 답장(즉답)'이 철칙이다. 그런데 이메일 즉답이 습관화되지 않은 사람은 의의로 많다. 이메일을 확인한 다음 나중에 처리해야지 하고 미룬 뒤 이메일을 다시 읽는 반복된 상황을 만드는 것이다.

이메일 즉답을 하면 이러한 '두 번 읽기' 습관을 없앨 수 있다. 이메일을 두 번 이상 읽으면 시간 낭비는 물론 판단을 내리는 횟수도 늘어 그만큼의 수고와 노력이 더 드는 셈이다. 따라서 이메일 두 번 읽기는 시간관리 면에서도 피해야 할 습관이다.

이메일에 즉시 답하는 습관을 들이면 피드백이 지연되거나 누락될 위험이 낮아지고, 빠른 답장으로 상대의 신뢰를 높일 수 있을 뿐만 아니라 일을 빠르게 진행시킬 수 있다.

이메일을 확인하는 시간이나 빈도는 업종과 업무에 따라 다르다. 일반적으로는 아침, 점심, 저녁에 이메일 확인 시간을 확보해 집중해서 읽고 답장을 하는 것이 효율적이다.

이메일 처리 업무에 능숙해져서 두 번 이상 이메일을 읽는 일이 거의 없고, 정확한 니즈를 파악해 이메일을 빠르게 작성한다면 수시로 이메일 확인을 해도 문제가 없다.

즉답이 어려운 이메일 처리하기

물론 답장을 바로 하기 어려운 이메일도 있다. 문제 해결이나 앞으로의 진행 방식을 검토할 필요가 있는 안건의 경우다. 그런 이메일을 받으면 언제 이 안건을 처리할지 캘린더에 일정을 입력해놓으면 좋다.

아울러 라벨과 플래그를 이용해 '답장할 필요 있음', '중요한 안건', '의뢰 중인 안건' 등 상황을 한눈에 볼 수 있도록 분류하면 관리가 쉽다. 답장하는 것을 잊지 않도록 이메일을 읽지 않은 상태로 되돌리는 방법도 있다.

이메일 관리의 가장 중요한 핵심은 단순한 방법으로 이메일을 적절하게 관리하는 것이다.

이메일 작업 보관소를 어디로 삼을 것인가?

받은 편지함에 쌓여 있는 지난 이메일이 너무 많아서 거슬린 적은 없는가? 새로 받은 이메일과 주요안건에 집중할 수 있도록 업무 처리가 완료된 이메일은 받은 편지함에서 '삭제'하길 권한다. 필요 없는 이메일이 사라지면 받은 편지함이 '할 일 목록'으로 변신한다.

받은 편지함을 정리하는 방법은 필요 없는 이메일 삭제하기, 보관 폴더로 이동하기 등 다양하다. 업무처리가 완료된 이메일을 받은 편지함에서 지운다는 규칙을 세우고 편리한 방법으로 실행에 옮기자.

물론 어떤 사람은 안건, 고객, 보낸 사람, 연도 등 다양한 기준으로 계층 구조의 폴더를 만들어 분류하길 선호한다. 폴더를 분류하는 방식에 정답은 없지만 이메일 검색 기능을 활용하면 굳이 폴더를 많이 만들 필요는 없다.

이메일 보관 폴더는 하나만 있으면 충분하다. 요컨대 이메일 정리 자체에 많은 시간을 들이지 않는것이 중요하다. 필요할 때 과거의 이메일을 쉽게 찾아낼 수 있으면 된다. 수단이 목적이 되는 일이 없도록 하자.

POINT

이메일은 읽은 즉시 답장한다.

07

컴퓨터 폴더와 파일 관리에서
검색 기능으로 수고를 줄이자

· · ·   컴퓨터에서 원하는 원하는 정보를 빠르게 찾을 수 있도록 파일 저장과 폴더 관리 방법을 고민하는 것은 중요한 일이다.

그런데 컴퓨터에서 원하는 자료를 얻고 싶을 때 마치 종이 서류를 뒤적이듯 찾는 사람이 많다.

즉 파일 보관 장소를 머릿속에 기억해놓거나 폴더를 일일이 클릭하며 직접 찾는 것이다. 이래서는 컴퓨터의 기능을 제대로 활용하고 있다고 할 수 없다.

지금으로부터 10~20년 전에는 컴퓨터의 속도가 느리고 제한이 많았기 때문에 아날로그적인 방식으로 자료를 관리했다. 폴더를 너무 작게 나누지 않고 폴더의 구조를 3층까지 제한하는 방식이 효율적이었다.

그러나 이제는 컴퓨터 검색 창에 키워드만 입력하면 단번에 검색이 가능하다. 손쉽게 원하는 파일을 찾고 관련된 폴더를 열 수 있다. 컴퓨터의 검색 능력이 인간보다 압도적으로 우월하기 때문에 예전처럼 폴더의 개수나 구조는 신경 쓸 필요가 없다.

다음은 마이크로소프트 윈도우의 사례로, 윈도우 버전에 따라 검색 방법에 차이가 있지만 기본 개념은 동일하다.

검색 상자를 이용해서 검색한다

윈도우의 시작 메뉴, 탐색기의 화면 오른쪽 위, 작업 표시줄 등 다양한 곳에 검색 박스가 있다. 파일명의 일부나 내용과 관련된 키워드를 입력하면 그 문자를 포함하는 후보가 표시된다.

스페이스바를 눌러 칸을 띄우고 검색어를 추가하면 검색 후보를 더욱 압축할 수 있다. PDF, PPT 등의 파일 종류도 검색어로 추가할 수 있다.

검색으로 발견한 파일은 직접 열거나 그 파일이 있는 폴더를 열 수 있다.

폴더명과 파일명은 검색이 쉽게 정리한다

폴더명은 서류 정리처럼 내용을 알 수 있는 이름과 카테고리 명칭을 이용하면 좋다. 검색할 때 이용하기 쉬운 키워드를 포함하는 것이 중요하다.

파일명은 파일의 카테고리, 내용, 날짜를 포함하는 것이 좋다. 파일을 자주 수정할 경우, 파일명 마지막에 버전을 적으면 변경 이력을 관리하기가 쉽다.

참고로 파일명에 '최종'이라는 말은 가급적 쓰지 않는 편이 좋다. 최종이라고 생각했던 파일이 다시 갱신되어 '최종2', '최종3'이 되면 오히려 헷갈릴 수 있다.

또한 파일명은 카테고리를 기준으로 관리할지, 시간순으로 관리할지에 따라 작명 방식을 바꾸도록 하자. 특히 파일명의 첫 문자를 의식해서 지으면 문자열순이나 날짜순으로 표시되므로 보기가 편해진다

① [카테고리의 첫 문자]_[카테고리]_[내용]_[날짜]_[버전]
　(예) s_세미나_서울오프닝_20210101_v1.pptx

② [날짜]_[카테고리]_[내용]
　(예) 20210101_회의록_마케팅정례회의_pdf

폴더 안에 여러 폴더와 파일이 있는 경우, 폴더를 하나씩 클릭해서 들어가는 것도 귀찮고 번거로운 일이다. 이때는 파일 탐색기 오른쪽 위에 있는 검색 상자에 키워드를 입력하면 빠르게 찾을 수 있다. 파일이 많아서 눈으로 찾기 힘들 때 편리하게 이용하자.

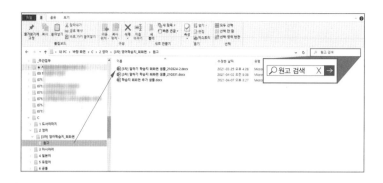

바탕화면을 깔끔하게 정리한다

바탕화면에는 기본적으로 아무것도 두지 않도록 하자. 불필요한 것은 삭제한다. 자주 이용하는 애플리케이션이나 폴더의 바로가기 아이콘을 몇 개 두는 정도로 충분하다. 파일이나 폴더를 일시적으로 바탕화면에 두는 습관이 있는 사람은 별도로 임시 작업 폴더를 만들면 편하다.

바탕화면이 정리되어 있지 않으면 '파일을 정리하지 못한다=업무 처리 능력이 떨어진다'는 꼬리표가 붙을 수 있다.

> **POINT**
> 컴퓨터의 검색 능력을 활용한다.

08

책상에는 컴퓨터와 전화 등
최소한의 필수 용품만 놓는다

. . .   사무실 책상만 보아도 책상 사용자의 업무 스타일과
집중력을 파악할 수 있다는 사실을 알고 있는가? 사무실 책상에
물건이 잔뜩 쌓여 있고, 걸핏하면 필요한 물건을 찾아 책상 이곳
저곳을 뒤적이는 사람이 많다.
당신의 책상은 어떠한가?

책상에 물건과 서류가 어지럽게 놓여 있으면 머릿속도 어지러울

가능성이 높다. 즉 책상의 정리 상태는 머릿속의 상태와 유사하다고 할 수 있다.

책상은 업무 관련 작업을 하는 공간이다. 지금 집중해야 할 업무가 아닌, 다른 물건과 자료가 있으면 시선이 분산되어 집중력이 떨어지기 쉽다. 업무에 집중하기 어려운 환경을 스스로 만든 셈이다.

책상에는 컴퓨터와 전화 등 최소한의 필수 용품만 놓아야 한다. 그 밖의 업무와 관련된 서류는 책상 서랍이나 다른 장소에 보관한다. 자질구레한 물건들은 보관 장소를 따로 정해두자. 그렇게 하면 눈앞의 업무에 집중할 수 있고 효율도 상승해서 일을 빠르게 끝낼 수 있다.

잡다한 물건들을 책상에 놓아두고 치우지 않는 이유가 무엇일까? 대표적인 원인은 업무 순서를 결정하지 못했기 때문이다. 이를 위해서는 작업 분류가 중요하다. 무엇을 언제 시작해서 언제 마칠지 결정하는 것이다.

특히 책상과 서랍의 특징, 물건 배치와 레이아웃의 의미를 염두에 두면서 어느 곳을 작업 보관소로 이용할지 결정하자. 마지막으로, 퇴근할 때는 컴퓨터와 전화 외에 아무것도 없는 상태로 만들어 놓는 것이 이상적이다.

POINT
책상 위에는 지금 해야 하는 업무와 관련된 것만을 놓는다.

요약하기

- 업무와 관련된 자료와 정보가 여기저기 따로 관리되고 있으면 찾는 시간이 오래 걸린다.

- 가능하면 자료와 정보는 한 곳에 모아서 관리한다.

- 메모를 버릴 방법을 궁리한다.

- 서류도 마감일을 기준으로 관리한다.

- 이메일은 정리하지 않고 '검색'한다.

- 이메일을 보는 우선순위를 정하고 자동 분류 시스템을 만든다.

- 기술 발전으로 진화한 컴퓨터의 기능을 최대한 활용한다.

- 책상에는 필수 용품 외에 많은 물건을 쌓아두지 않는다.

7장

효율적인 시간관리는 디테일이다

- 작은 차이가 만드는 초격차

CHECK LIST

- [ ] 자신은 무리라며 지레 포기한다.

- [ ] 지금의 상태로 충분하다며 자신과 타협한다.

- [ ] 집중이 잘되는 시간대에 방해를 받고 있다.

- [ ] 간단한 반복 작업을 오전에 하고 있다.

- [ ] 타이머를 이용하며 일한 적이 없다.

- [ ] 집중력을 높이려는 노력을 게을리하고 있다.

- [ ] 하나의 정보원에 지나치게 의존한다.

- [ ] 모른다는 이유로 사고 정지를 일으킬 때가 많다.

- [ ] 인터넷의 정보는 신뢰할 수 없다고 생각한다.

- [ ] 다른 업계나 분야에서 배울 점은 없다고 생각한다.

- [ ] 작은 테크닉을 경시한다.

- [ ] 정리와 복습을 하지 않는다.

- [ ] 매일 업무 효율을 높이려는 궁리를 하지 않는다.

01

일 잘하는 사람을 만났다면 당신의 성장 기회로 삼자

· · · 　일 잘하는 유능한 사람과 함께 일하다 보면 업무 속도와 시간 감각의 차이 때문에 크게 놀랄 때가 있다. 당신은 이 차이를 가까이서 직접 느껴본 적이 있는가?

한정된 시간에 성과를 잘 내는 사람은 단순하고 리듬감 있게 일한다. 업무 모드로 전환해 우선순위가 높은 일부터 높은 집중력과 놀라운 속도로 처리하며, 일을 마치면 모드를 다시 전환해 휴식을 취한다.

업무 모드와 휴식 모드, 이것을 빠르고 유연하게 반복한다.

누군가와 업무 속도와 시간 감각의 차이를 느꼈다면, 그 순간이
바로 성장할 수 있는 절호의 기회다.
이때 그와 당신의 차이를 객관적으로 바라보도록 노력해야 한
다. 불필요한 자존심 때문에 자신의 업무 속도가 느리다는 사실
을 외면하거나 허세를 부려 감추지 말자.
솔직하게 당신이 그보다 일이 느리다고 인정한 뒤, 업무 속도가
빠르고 성과를 잘 내는 사람의 어떤점을 흉내 낼 수 있을지 궁리
하는 것이 중요하다.

상대의 장점을 흡수하기 위해서는 먼저, 이러한 차이의 근본적
인 원인이 무엇인지 구체적으로 생각해볼 필요가 있다. 전문 지
식과 스킬의 차이일까? 업무 진행 방식의 문제일까? 아니면 커
뮤니케이션 능력의 차이일까?
무엇이 다른지 살펴보고 어디서 격차가 벌어지는지 파악하자.

원인을 알았다면 격차를 메우기 위한 실천에 돌입하자. 무엇이

그 격차를 낳고 있는지, 어떻게 하면 격차를 메울 수 있을지를 의식하며 합리적인 방법을 생각한다.

그럼 실제로 무엇을 배워야 할지 눈에 보인다. 그다음 할 일은 그것을 실천하는 것뿐. 다만 처음부터 자신의 힘으로 알아내려면 시간이 너무 오래 걸리므로 조언과 가르침을 부탁하는 것이 빠르고 현명한 방법이다.

그럼에도 나는 절대 저렇게 못한다며 포기하는 사람들도 있다. 그 이유는 일 잘하는 사람의 현재 상태, 즉 '결과'만 눈에 보이기 때문이다. 결과가 아닌 거기까지 이르는 과정과 수단에 주목해야 한다. 만일 이대로는 안 되고 반드시 달라져야 한다는 강한 마음이 든다면 일 잘하는 사람이 지금에 이르기까지 시도해온 것들에 주목하자. 그리고 일단 실천한다!

> **POINT**
> 유능한 사람과의 격차를 구체적으로 파악한다.

02

오전과 오후, 언제 무엇을
하느냐에 따라 성과가 달라진다

　・・・　업무 시간 중 가장 집중하기 좋은 시간대는 언제인
가? 사람들에게는 저마다 집중이 잘된다고 느끼는 시간대가 존
재한다.

따라서 집중력이 가장 높고, 실력을 온전히 발휘할 수 있는 시간
대가 언제인지 파악하는 것이 중요하다. 그리고 그 시간대를 최
대한 활용하기 위해 외부로부터 방해받지 않고 집중할 수 있는
환경을 만든다.

일반적으로 오전은 머리가 상쾌해 두뇌 회전이 잘되므로 논리적이고 창의적인 업무를 하기에 적합한 시간대다. 예컨대 새로운 기획과 아이디어를 생각해내거나 프레젠테이션의 구성을 검토하거나 원고 내용을 정리하거나 자신의 생각 또는 의견을 정리하거나 표현하는 일을 하기에 좋은 시간대다.

반면 오후는 집중력이 떨어지기 쉬워서 능률이 좋지 않은 시간대로, 두뇌를 많이 이용하지 않는 단순 업무나 반복 잡업, 경비 정산 등 묵묵하게 할 수 있는 정형화된 업무, 간단하게 끝마칠 수 있는 업무, 그다지 완성도가 요구되지 않는 업무를 하는 것이 적합하다.

업무 미팅은 오후에 하는 편이 좋다는 의견이 많다. 미팅에서 다른 사람들과 이야기를 나누기 때문에 졸음을 쫓을 수 있고, 미팅 중에는 머리를 그다지 쓰지 않는 시간도 있기 때문에 두뇌 회전이 잘되는 오전은 비효율적이라는 이유 때문이다.

원칙적으로 말하면 그런 느슨한 미팅은 개선해야 하지만, 브레

인스토밍이 필요 없는 미팅의 경우 정보 공유가 목적이므로 참석 자체가 중요하다. 그럼 미팅 시간을 오후로 정하고 오전에는 두뇌를 이용하는 창의적인 업무에 집중하는 것이 좋다.

오전과 오후, 언제 무엇을 하느냐에 따라 업무 성과가 달라진다. 어느 시간대에 어떤 업무를 처리할지 계획하는 것은 매우 중요하다.

POINT
자신이 집중할 수 있는 시간대를 최대한 활용한다.

03

집중력을 최대로 끌어올릴 때는 '타이머'를 이용하라

 당신은 업무에 집중하지 못한 채 의미 없이 시간을 보낸 적이 없는가? 특별히 뭔가를 하지도 않았는데, 문득 정신을 차려 보니 30분이나 지나가 버렸다든가.

누구나 집중하지 못할 때가 있다. 컨디션이 안 좋거나, 신경 쓰이는 일이 있거나, 일이 지루하게 느껴지거나, 불안한 일과 걱정거리가 있을 수 있다.

이때는 무리해서 어려운 과제에 몰두하거나 머리를 쓰는 업무를 해서는 안 된다. 반복 작업 같은 정형화된 업무나 정확성을 요구하지 않는 단순 작업을 하는 편이 시간을 효과적으로 이용할 수 있고 성과를 낼 수 있다.

업무 전환을 했음에도 좀처럼 집중력이 돌아오지 않고 오늘 안에 끝내야 할 일이 남아 있는 경우가 있다. 어쩔 수 없이 집중력을 끌어올려야 할 때는 '타이머'를 이용하는 방법을 추천한다. 타이머를 이용하면 의식이 강해져 집중력이 높아진다.

먼저, 업무 내용과 일정을 짧은 시간에 각 작업을 완료할 수 있을 만큼 작게 나눈다. 그다음에는 '이 작업을 10분 안에 끝내자'와 같은 식으로 목표 시간을 정한다. 그리고 타이머를 10분으로 설정한 뒤 타임 어택을 시작한다. 단숨에 끝마칠 수 있도록 작업에 몰두하는 것이다.

또한 타이머를 이용해 집중력과 생산성을 높이는 방법 중 하나로 '포모도로 테크닉'이 있다. 포모도로 테크닉은 '일과 휴식'을 한 세트로 삼고 그것을 반복함으로써 업무에 집중하는 방법이다.

예컨대 '25분 업무→5분 휴식'을 한 세트로 삼고, 4세트(2시간)가 끝나면 조금 긴 휴식(15분 이상)을 취한다. 이 방법의 장점은 짧은 시간 동안 집중력을 극대화한다는 것이다. '25분만 집중하면 5분을 쉴 수 있어'라고 생각하면 의욕이 솟아난다.

이와 같이 타이머를 이용하면 적어도 한 발 한 발 착실하게 일을 끝마칠 수 있다. 성과나 실적을 낼 수 있을 뿐만 아니라 성취감을 얻어서 자신감도 생겨난다. 타성에 젖어 일하는 상황을 방지해준다는 이점도 있다.

POINT
일에 집중할 수 있도록 업무 시간을 분할한다.

04

일도 게임처럼 목적과 과제, 규칙을 정하면 의욕이 달라진다

• • •   따분한 업무는 우리의 시간과 에너지를 빼앗는다. 따분한 업무를 처리할 때는 시간이 길게 느껴지고 실제로도 오래 걸린다. 어떻게 하면 따분한 업무를 줄일 수 있을까?

내 방법은 업무를 '게임화'하는 것이다. 업무에서 즐거움을 찾으라는 이야기가 아니다. 게임에는 목적, 과제, 규칙이 있다. 이를테면 공주님을 구하러 간다는 목적이 있고, 그것을 방해하는 '적'

인 '과제'가 있으며, 적과 부딪히면 게임 오버가 된다는 규칙이 있다. 바로 이것을 업무에 도입하는 것이다.

견적 작성 시간을 10퍼센트 단축한다는 목적을 세웠다. 기존에는 견적 작성에 60분이 걸렸다면 10퍼센트인 6분을 어떻게 줄이느냐가 과제다.

이를 위해 견적 작성을 54분 이내에 끝낼 경우 보상으로 맛있는 디저트 먹기 등 나름대로 즐길 수 있는 규칙을 만든다.

이렇게 게임 감각을 활용해 업무에 임하면 기분 나쁜 압박감이나 스트레스를 느끼지 않고 업무 속도를 향상시킬 수 있다.

게임에서 미션을 완수하지 못하면 즐겁지 않기 때문에 당신은 정해진 규칙 속에서 어떻게 과제를 해결할지 진지하게 궁리할 것이다. 이것을 반복하다 보면 성과를 손에 넣기 위해 어떻게 해야 할지 빠르게 계획하는 습관이 생긴다.

또한 게임은 한 단계를 완수하면 다른 사람들도 가능한 현상 유지로는 만족하지 못한다. 더 높은 레벨에 도전하거나 같은 게임을 전보다 효율적으로 끝내고 싶어진다. 이를테면 54분으로 단축한 작업을 다시 50분 이내에 끝내기 위해 궁리하게 된다.

이처럼 게임을 하는 감각으로 업무에 임하면 업무에 대한 의욕이 달라지고, 주도적으로 업무에 몰두하여 효율도 상승할 것이다.

POINT
게임처럼 업무의 목적, 과제, 규칙을 파악하자.

05

모르는 것이 있을 때는 전체 개요를 파악하고 핵심 정보를 찾아라

• • •　'무엇을 모르는지 알지 못하기' 때문에 사고나 행동이 정지될 때가 있다. 이 상황을 타개하려면 그 분야의 전체적인 지식을 얻는 것이 중요하다.

한정된 시간 안에 가장 효율적으로 배우는 방법 중 하나는 그 분야에 해박한 사람에게 가르침을 받는 것이지만, 그런 사람이 없을 경우는 인터넷이나 책에서 정보를 수집한다.

다만 명확한 목적이 없이 정보를 수집하면 지금 필요하지 않은, 우선도가 낮은 정보를 보느라 시간을 낭비하게 된다. 그렇게 시간을 낭비하는 것은 아까운 일일 뿐만 아니라 효율도 좋지 않으므로 지금 정말로 필요한 정보나 지식만을 얻는 데 집중하자.

복수의 사이트를 확인해, 일단 알고 싶은 정보의 개요를 파악한다. 하나의 사이트에 의존하지 않는 이유는 잘못된 정보와 편향된 견해, 사고방식을 피하기 위해서다.

제대로 된 전체적인 지식을 얻고 싶다면 책을 찾아 읽는다. 처음에는 쉬운 입문서 세 권 이상을 읽는다. 초심자는 두꺼운 책 한 권을 끈기 있게 읽기보다 얇은 책 여러 권을 단시간에 읽는 편이 효과적이다. 먼저 입문서 수준을 세 권 읽고 공통점과 차이점을 파악하면 그 분야의 개요를 이해할 수 있다.

모든 책에서 공통되는 부분은 그 분야의 본질이거나 중요한 기초인 경우가 많다. 다른 부분은 저자의 위치나 사고방식 차이에서 비롯된 것으로, 이 부분을 이해하면 다양한 수법이나 접근법을 배우고 다각적으로 생각할 수 있다.

'모른다'는 이유에서 발생하는 사고 정지는 상상 이상으로 많은 시간을 낭비한다. 먼저 "내가 무엇을 모르는가?" "그것을 알려면 어떻게 해야 하는가?"를 자문자답하는 자세가 중요하다. 그리고 현재의 상태와 바람직한 상태 사이의 괴리를 메우기 위한 구체적인 대응책을 궁리해 실천하도록 하자.

POINT
알지 못함을 인식하고 가르침을 받거나 스스로 공부한다.

06

당신의 구글링 능력은?
검색을 활용해 창의적으로 일한다

・・・ 　좋은 정보를 인터넷에서 단시간에 수집하는 능력은
업무 진행 시 꼭 필요한 기술이다. 어지간한 정보는 인터넷을 검
색하면 다 알아낼 수 있다.

당신은 인터넷 검색에 익숙한가? 인터넷 검색을 잘하는가?

'모른다는 것을 알지 못하는' 상태로 있으면 진보도 성장도 없다.

'의지력이 없는 사람' 또는 '자발적으로 행동하지 못하는 사람'으

로 평가받을 수도 있다. 조금만 시간을 들여 조사해보면 되는데 그러지 않기 때문이다.

인터넷 지식은 수준과 정확도가 떨어진다? 만일 그렇게 생각하고 있다면 착각이다. 오히려 당신의 '구글링 능력'이 부족해서, 다시 말해 '정보 수집 능력'이 떨어지기 때문일 수도 있다.

정보를 모을 때는 복수의 정보원을 확인해 교차 검증함으로써 정확도를 높여야 한다. 이를 위해 복수의 검색어로 검색해보는 것, 복수의 사이트를 살펴보는 것부터 시작한다. 사진이나 동영상 검색 등 원하는 정보의 특성에 맞춰 검색하는 방법도 효과적이다. 예컨대 "filetype: pdf"와 같이 파일 형식을 설정해 검색 결과에 PDF 파일만 표시되도록 한다.

업무 진행에서 중요한 또 다른 능력은 '베끼는 능력'이다. '베낀다'는 표현에 거부감을 느낀다면 '참고한다'라고 이해하자. 간단히 말해 '좋은 점은 적극 도입하는 것'이다.

물론 그대로 베끼라는 말은 절대 아니다. "우수한 예술가는 모방하고, 위대한 예술가는 훔친다"라는말이 있다. 좋은 점은 받아들이되 자신에게 맞춰 새롭게 창조한다.

구글링을 하고 다른 사람들과 이야기를 나누면서 여러 가지 좋은 아이디어를 받아들여 실천해보자. 실행 경험이 쌓이면 '성과를 내는 힘'이 반드시 커진다.

POINT
구글링을 해서 정보를 수집하고 좋은 점은 적극 참고한다.

07

'컴퓨터 좀 아는 사람' vs. '컴퓨터 잘 모르는 사람'의 격차 줄이기

• • •   대부분 직장인이 컴퓨터 조작에 필요 이상의 시간을 빼앗기고 있는데 그 사실을 알지 못한다. 컴퓨터, 이메일, 소프트웨어의 조작 능력이 원인이 되어 업무 처리 속도가 늦어지는 것은 매우 치명적이다.

기본적인 조작법을 익히는 것은 당연하므로 논외로 치고, 그 밖에 '컴퓨터 잘 아는 사람'과 '컴퓨터 잘 모르는 사람'의 격차를 만드는 사소한 테크닉 세 가지를 소개하겠다.

서식 - 이메일 서명 기능을 활용한다

문서 작성, 표 계산, 프레젠테이션 등 소프트웨어에는 수많은 템플릿, 즉 '서식'이 들어 있다. 당신은 이런 템플릿을 효과적으로 활용하고 있는가? 사내보, 회의록, 아르바이트생의 근무 일정표, 프로젝트 작업 일람, 트레이닝 세미나와 판매 제안 프레젠테이션 등 온갖 다양한 비즈니스 상황에서 이용할 수 있는 서식이 이미 준비되어 있다.

이메일의 경우 용도별 템플릿을 준비해놓으면 편리하다. 이벤트 제안 이메일, 미팅 참석에 대한 감사 이메일, 제안이나 질문에 대한 답장 이메일 등 인터넷을 검색하면 상당한 양의 샘플을 발견할 수 있다. 자주 이용하는 템플릿을 저장해놓으면 매번 샘플을 찾느라 수고할 필요가 없다.

이메일의 서명도 효과적으로 활용하자. 인사말이나 정형적인 문구를 입력해놓으면 본문만 추가해도 이메일이 빠르게 완성된다.

단축 키 – 마우스의 이용 빈도를 줄인다

컴퓨터 작업 속도를 높이는 비결은 마우스 이용 빈도를 줄이는 것이다. 타자 속도를 높이는 것도 중요하지만, 단축 키야말로 작업 속도를 높이는 데 특히 효과적이다. 마우스 이용 빈도를 줄이고 키보드를 이용하면, 손이 키보드와 마우스 사이를 오가는 불필요한 움직임을 줄여 시간을 단축할 수 있다.

컴퓨터를 조작할 때 자주 이용하는 복사하기, 오려두기와 붙여넣기 등 기본적인 단축 키 조작에는 대부분 익숙할 것이다. 그러나 단축 키는 그 밖에도 많다. 그렇다고 단축 키를 갑자기 외우는 것은 좋은아이디어가 아니다. 단축 키 중에는 업무와 관련이 적은 기능도 많기 때문이다.

그러므로 아웃룩, 워드, 엑셀 등 무엇을 이용하든 먼저 '알트(Alt) 키'를 눌러 보도록 하자. 알트 키를 누르면 아래 그림처럼 단축 키가 표시되므로 그대로 따라 누르면 된다. 외울 필요가 전혀 없다. 마우스 대신에 키보드를 이용해보고 마우스보다 키보드가 편하고 빠른지 비교하면서 당신에게 맞는 방식을 찾아보자.

알트 키를 누르면 단축키가 표시된다

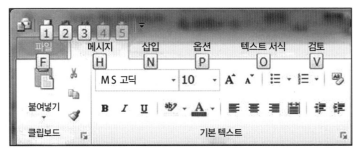

마이크로소프트 아웃룩의 경우

알트 키를 이용한 단축 키 활용에 익숙해지면, 컴퓨터는 마우스로 조작한다는 고정 관념이 사라진다.

이 시점이 되면 알트 키뿐 아니라 컨트롤, 시프트, 윈도우 키 등을 이용한 단축 키 기능도 익혀서 단숨에 효율을 높일 수 있다.

스마트 입력 - 자주 이용하는 문구를 등록한다

스마트 입력(텍스트 대치)은 문자 입력이 번거로운 스마트폰에서 자주 이용하는 문구를 쉽게 입력할수 있는 기능이다. 예컨대

"안녕하세요. '어느 회사'의 '누구'입니다"와 같이 이용 빈도가 높은 문장을 '안녕'이라는 준말로 등록해놓으면 '안녕'을 입력하기만 해도 해당 문장이 변환 후보로 표시된다.

다시 말해 이용 빈도가 높은 문장과 입력하기 번거로운 이메일 주소, 영어 단어 등을 등록해놓으면 몇 글자만 입력해도 수십 글자를 쓸 수 있는 것이다. 또한 인상적인 표현이나 이메일에서 자주 쓰는 관용적 표현 등도 등록해 놓으면 입력이 빠르고 오탈자 발생도 줄어든다.

포인트는 어떤 상황에서 어떻게 이용할지 판단할 수 있는 것이다. 학생처럼 외우는 데 시간을 소비하지 말고 중요한 생각이나 결정을 하는 일에 더 많은 시간을 쓰자.

물론 이런 사소한 테크닉은 실천한다 한들 절약 시간은 1회 조작에서 몇 초 정도에 불과하다. 요컨대 커다란 효과나 성과는 기대할 수 없다.
그러나 이 몇 초가 축적되면 무시할 수 없는 시간이 된다. 수십

회, 수백 회를 조작하면 최종적으로는 커다란 시간 단축으로 이어지는 것이다.

시간을 단축할 수 있는 기술들을 끊임없이 익히고 자신에게 맞춰 최적화하는 습관을 갖자.

POINT
편리하게 일하는 방법을 궁리하면 시간을 단축할 수 있다.

08

퇴근하기 전에 하루를 정리하며
복습과 예습을 한다

하루의 업무를 마감하기 전, 잠시 오늘을 돌아보고 정리하는 시간을 갖곤 하는가? 오늘 하루를 되돌아보고 내일을 준비하면 내일 당신의 일과 업무 만족도는 어제보다 더 높아지기 마련이다. 이를 위해서는 자신과 대화를 하는 것이 중요하다. 하루를 되돌아봄으로써 새로운 깨달음을 얻고, 내일을 준비함으로써 다음 날 아침부터 로켓 스타트를 할 수 있다. 중요한 질문은 다음 세 가지다.

되돌아본다

"오늘 한 일은 무엇인가?"

"끝내지 못하고 남긴 업무가 있다면 왜 끝내지 못한 것인가?"

"오늘의 교훈은 무엇인가?"

작업 분류를 통해 내일에 대비한다

내일 할 일을 명확히 한다

"내일 이후에 추가적으로 해야 할 업무가 있는가?"

"기한이나 작업 내용에 변경은 없는가?"

"무엇인가 빼먹은 것은 없는가?"

언제 무엇을 할지 결정한다

"끝내지 못하고 남긴 업무는 언제 할 것인가?"

"새로 늘어난 업무는 언제 할 것인가?"

"내일 빈 시간을 확보할 수 있는가?"

작업 보관소를 정리한다

"내일 할 업무는 어디에 준비되어 있는가?"

"따로따로 보관, 관리되고 있지는 않은가? 정리했는가?"

"내일 당장 시작할 수 있는가?"

자투리 시간에 할 작업의 목록을 작성한다

잠깐 기다릴 때나 갑자기 빈 시간이 생겼을 때 당신은 무엇을 하는가? 기다려야 해서 짜증을 내거나 할 일이 없어 멍하니 있지는 않은가?

자투리 시간을 어떻게 활용할지 진지하게 궁리하는 것은 시간을 관리할 때 매우 중요한 일이다. 예컨대 3분만 있으면 상당한 양의 이메일을 처리할 수 있다. 전화도 한두 건 걸 수 있고, 서류를 훑어보거나 우편물을 확인할 수도 있다. 스마트폰으로 장소와 상관없이 이메일 확인이나 정보 수집을 손쉽게 할 수 있다.

요컨대 '자투리 시간'을 아무것도 하지 않고 기다리는 시간에서 가치를 낳는 '유용한 시간'으로 바꾸는 것이다. 이 한정된 자투리 시간에 타임 어택을 하듯 집중하면 이전에는 생각하지 못한 아웃풋, 성과를 만들어낼 수 있다.

자투리 시간을 이용해서 일하는 습관을 들이기 전까지는 3~5분 정도면 할 수 있는 일을 평소에 생각해놓도록 하자. 무엇을 할지 몰라 망설이지 않도록 사전에 목록을 작성해놓는 것이다.
자투리 시간 활용을 고려하면 시간 낭비를 막으려는 의식이 싹 터서 효율 상승으로 이어진다.

POINT
퇴근 전 오늘을 돌아보고 내일을 준비하자.

요약하기

- 일이 느리다면 인정하고 유능한 사람과의 격차를 좁힌다.

- 집중이 잘되는 시간대를 잘 활용한다.

- 급한 일은 타이머를 이용해 빠르게 마친다.

- 게임 감각으로 업무에 임하면 의욕이 달라진다.

- 지식을 늘려서 '모르기 때문에 하지 못하는' 상황을 줄인다.

- 구글링을 통해 좋은 정보를 참고하고 실천해본다.

- 서식, 단축 키, 스마트 입력 기능을 최대한 활용한다.

- 오늘을 되돌아보고 내일을 준비하며 성장의 계기를 갖는다.

- 자투리 시간도 효율적으로 활용한다.

8 장

확인하고, 확인하고, 또 확인하라!

– 일 잘하는 사람들이 감추고 쓰는 '일 센스'

CHECK LIST

- [ ] 일을 처음부터 다시 하게 되는 경우가 많다.
- [ ] 끝이 보이지 않는 작업을 한다.
- [ ] 일단 눈앞에 있는 일부터 하려고 한다.
- [ ] 얻고자 하는 것이 무엇인지 명확히 하지 않은 채로 작업한다.
- [ ] 업무를 작업으로 분할하지 않는다.
- [ ] 작업을 누가 언제까지 해야 하는지 파악하지 않는다.
- [ ] 업무의 흐름을 파악하지 않는다.
- [ ] 일에 착수하는 순서를 틀릴 때가 있다.
- [ ] 과제나 리스크를 혼자서 끌어안다가 상황을 악화시킬 때가 있다.
- [ ] 피드백을 받거나 해주지 않는다.
- [ ] 원인을 알기 위해 일단 '왜?'라고 생각한다.
- [ ] '지금 무엇을 할 수 있는가?'를 자문하는 일이 없다.
- [ ] 대화 내용을 문자화하지 않는다.
- [ ] 상대에게 분명히 전했다고 생각했는데 전해지지 않은 적이 있다.
- [ ] 자신의 메시지 전달 방식이 옳다고 믿어 의심치 않는다.

01

비효율적인 "다시 해 오게"를 막는 스마트한 목표 설정 방법

　· · ·　당신은 열심히 만들어서 가져갔는데 "다시 해 오게"라는 말을 듣고 실망한 경험이 없는가? '다시 하기'는 비효율 그 자체다. '그런 거면 처음부터 확실하게 말을 해주지.' 이런 생각이 들 때도 종종 있다.

원인은 목표로 삼는 '골(goal)'이 다르기 때문이다. 골이 다르면 할 일과 소요 시간이 달라지므로 골을 명확히 하는 것이 중요하다.

목표 달성에 효과적인 목표 설정 방법으로 '스마트 골'이 있다. 스마트 골의 스마트(SMART)는 다섯 가지 요소의 이니셜을 나열한 것이다.

예컨대 '다이어트를 한다'가 아니라 '나는 매일 8킬로미터를 걸어서 12월 31일까지 몸무게를 3킬로그램 줄인다'라는 골을 설정하면 누가 봐도 알기 쉽고 오해 소지도 없다.

그리고 골을 기준으로 역산해서 생각하자. 어쨌든 열심히 하자며 무작정 한 걸음 한 걸음 나아가는 방식보다 명확한 골을 설정하고 계획을 철저히 세워 최단 거리로 목표를 달성하는 것이다.

POINT
명확한 골을 기준으로 역산해서 생각한다

명확한 골을 기준으로 역산해서 생각한다

구체적이고 알기 쉽다

측정 가능하며, 숫자로 되어 있다

달성 가능하며, 현실적이다

회사나 자신의 목표와 관련이 있다

기한이 명확하다

02

MECE와 WBS를 활용해 목적 달성에
꼭 필요한 작업을 확인하자

• • •　　　업무 진행 과정에서 해야 할 작업을 누락하는 경우
가 생기는데 원인은 눈앞의 작업에 지나치게 몰두한 나머지 업
무의 전체상이나 흐름을 생각할 여유를 잃어버리기 때문이다.

최종적인 성과를 얻기 위해 필요한 작업이 무엇인지 생각하는
것이 아니라 눈앞에 있는 작업의 결과나 상황에 입각해 지금 하
는 편이 좋다고 생각한 작업을 시작해 버리는 것이다.

이런 식으로는 업무 전체의 견적을 내기가 어렵다. 눈앞의 문제를 해결하는 데만 몰두하면 본래 하지 않아도 되는 불필요한 작업을 해서 쓸데없이 시간을 낭비해버리는 경우가 많다.

이를테면 기획 아이디어를 늘리는 것이 목적인데 미팅 참가 인원을 조정하는 데 지나치게 시간을 들인다거나, 기획서 작성을 위한 내용을 생각하기보다 보기 좋게 만드는 데 열중해서 이미지 검색에 시간을 들이는 경우 등이다.

본래 하지 않아도 되는, 그렇게까지 시간을 들일 필요가 없는 일을 하면 당연히 여유가 없어지고, 그 결과 허둥대다가 실수를 저지를 위험성도 높다. 심지어 기한에 맞추지 못하는 일도 생긴다.

누락을 없애기 위한 효과적인 발상과 테크닉으로 MECE와 WBS가 있다. MECE는 Mutually(상호 간에), Exclusive(중복되지 않고), Collectively(전체적으로), Exhaustive(누락이 없는)의 이니셜을 합친 단어다. 즉 '중복과 누락이 없도록' 전체를 파악하는 개념이다.

WBS는 Work(작업을), Breakdown(분해해서), Structure(구조화한다)의 이니셜을 합친 단어다. 목적을 달성하기 위해 필요한 작업을 빠짐없이 계측별로 세분화해 트리 구조로 나타낸 것이다.

3킬로그램 감량 다이어트 목표에 대한 WBS의 예를 살펴보자.

WBS로 전체를 파악한다

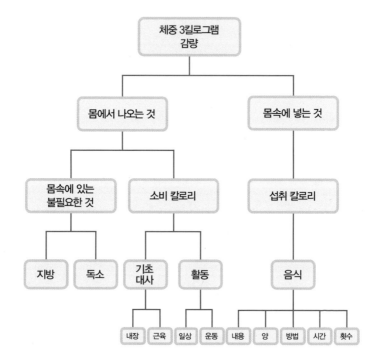

이처럼 최종적인 성과를 얻기 위해 필요한 작업이나 성과를 역산으로 생각하면 전체상이 보인다. 그리고 명사로 표현하면 각 성과를 얻기 위해 구체적으로 어떤 행동을 해야 할지 보인다. 이렇게 함으로써 최종적인 성과를 얻기 위해 필요한 작업의 누락을 방지하고 무엇을 수행할지 명확히 할 수 있다.

규모가 큰 업무의 경우도 이렇게 분해해서 계획, 관리할 수 있다. 각자의 일과 필요한 성과를 확인해서 인식 차이를 줄이자.

WBS를 처음부터 완벽하게 만들 필요는 없다. 별로 해본 적 없는 업무라면 일단 자신이 아는 범위 내에서 만든다. 무엇이 필요한지 보이면 그때그때 추가한다. 최종 성과를 최단 시간에 얻기 위해 필요한 작업을 전부 포함시키는 자세가 중요하다.

POINT
업무를 분해하고 필요한 작업을 찾아서 관리한다.

03

팀과 프로젝트 업무의 시작부터
종료까지 간트 차트로 한눈에

· · · 　업무 전체의 일정을 파악하기 위해 월 단위의 캘린더를 이용하는 사람이 많다. 벽걸이 달력이나 월간 플래너 등 블록 타입의 제품은 1개월의 일정을 한눈에 볼 수 있어 편리하다. 다만 프로젝트나 복수의 업무의 진행 상황을 파악하는 데는 '간트 차트'라고 부르는 공정표를 추천한다.

헨리 간트가 만들어 그의 이름을 붙여 부르는 간트 차트는 세로

축에 할 일, 가로축에 시간을 나열한 일정표다. 프로젝트나 팀 단위의 업무를 관리할 때 편리하다. 작업과 담당자, 시작일과 종료일, 업무 순서와 흐름, 진행 상황을 일목요연하게 확인할 수 있는 까닭에 업무 시작부터 종료까지의 공정을 관리하기에 효과적이다.

또한 장기적인 관점으로 작성한 간트 차트에서 자신이 해야 할 업무를 추출해 개인적으로 '언제 해야 하는가?'의 일정을 짜는 것도 중요하다.

주 단위나 1일 단위로 일정을 구체화하면 현실적인 일정을 세울 수 있다. 이번 주뿐 아니라 다음 주 이후에 무엇을 해야 할지도 한눈에 보인다. 요컨대 '장기 일정'에서 역산해 '단기 일정'을 세우자.

> **POINT**
> 팀과 프로젝트는 간트 차트로 일정을 관리한다.

간트 차트로 업무 전체의 일정을 파악한다

작업명	담당자	시작	종료	상태	1주차	2주차	3주차	4주차	5주차
작업A	담당자1	10월 15일	10월 26일	작업 중	■	■			
작업B	담당자2	10월 22일	11월 2일	미착수		■	■		
작업C	담당자1	11월 5일	11월 16일	미착수				■	■
작업D	담당자3	10월 29일	11월 9일	미착수			■	■	
작업E	담당자2	11월 5일	11월 16일	미착수				■	■
작업F	담당자3	11월 12일	11월 16일	미착수					■

04

업무 전체의 흐름을 파악하고
작업 순서와 프로세스를 지킨다

⋯ •   일이 느린 사람은 '일에 착수하는 순서'가 잘못된 경우가 있다. 모든 일에는 프로세스와 순서가 있다. 순서를 지키지 않고 작업을 진행하면 다른 사람들을 기다리게 만들거나 이전 작업을 다시 해야 하는 상황이 일어난다.

작업 순서를 잘못 파악하는 근본적인 원인은 업무 전체의 흐름을 파악하지 못했기 때문이다. WBS를 이용해 전체상을 파악한 뒤 플로 차트를 만들어 작업 순서나 관계를 확인하자.

다른 사람의 작업 흐름도 고려하며 계획을 세운다

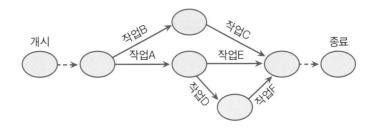

작업을 화살표로, 작업과 작업 사이를 구분하는 마일스톤이나 성과물을 동그라미로 표시한다. 플로차트를 이용하면 각 작업의 전후에 할 일과 동시 병행해야 할 일 등 전체 흐름을 알 수 있다.

그리고 당신이 업무를 끝내기를 기다리는 후공정의 사람이 있음을 염두에 두자. 내 업무가 끝났으니 됐다고 자기중심적으로 생각하는 것이 아니라, 앞에서도 이야기했지만 '후공정은 고객'이라는 의식이 중요하다. 즉 '다음 작업을 진행하는 사람이 일하기 쉽도록'이라는 서비스 정신을 갖자.

이러한 배려 깊은 발상이 커뮤니케이션과 인간관계를 원활하게 만들며 매끄러운 업무 진행을 가능하게 한다.

POINT

다른 사람의 작업 흐름도 고려하며 계획을 세운다

05

리스크 관리의 포인트는
빠른 속도와 타이밍이다

· · ·　　회사 조직에서 '보연상'이란, '보고, 연락, 상담'을 뜻
한다. 이는 본래 혼자 해결하기 어려운 과제를 모두 힘을 모아
해결하기 위해 만든 개념이다.

최근에는 부하 직원이 상사를 위해 자발적으로 '보연상'을 해야
한다고 말하는 사람이 많다. 하지만 이는 잘못된 생각이다.

어떻게 '보연상'을 해야 하느냐가 포인트는 아니다. 변화 속도가

빠른 요즘 '어떻게 과제를 반영해서 신속하게 해결할 것인가?' '리스크에 어떻게 대처할 것인가?'를 이야기하려 한다.

리스크에 따라서는 해당 사안을 파악한 시점, 이미 손쓸 수 없는 상태인 경우도 있다. 문제가 발생한 뒤 상담을 해서는 늦다. 초기 단계에 자신은 괜찮을 거라 판단되더라도 노파심에 사전 확인을 해봄으로써 피할 수 있는 리스크는 많다. 일단 괜찮다고 생각되는 근거와 이유를 정리하자.

도저히 판단이 안 된다면 먼저 인터넷에서 검색해보자. 과거에 비슷한 과제에 직면했던 사람의 경험담이나 참고할 내용은 없을지 확인해본다. 가능한 최소한의 조사를 한 뒤 상사, 선배, 전문가에게 어떤 리스크의 가능성이 있을지 확인하고 상담하자.

이때 '자기 나름의 답'을 미리 가지고 "저는 이렇게 생각합니다"라고 말을 꺼내는 것이 좋다. 주체적인 행동은 좋은 인상을 준다. 또한 매일 변화하는 현장의 상황을 주위 사람들과 공유하면 자신이 깨닫지 못했던 리스크와 변화, 그에 대한 대책 등의 피드백을 얻을 수 있다. 다시 말해 리스크와 실패의 확률을 줄일 수 있는 것이다.

'확인, 상담, 공유'를 적절히 이용하면 리스크 관리는 물론 시간 관리의 면에서 매우 중요아다.

POINT
커뮤니케이션은 문제 해결을 목표로 하자.

06

신속한 업무 진행을 위해
3가지 'WHAT'을 반드시 검토하라

• • •   비즈니스 세계에는 "왜?"를 거듭하는 것이 중요하다는 이야기가 있다. 목적을 가지고 행동하기 위함이며, 문제가 발생했을 때 원인을 찾는 수단으로서도 유용하기 때문이다.

다만 문제를 되돌아볼 때는 원인의 특정이 목적화되는 경우가 있으므로 해결책을 한 세트로 궁리할 필요가 있다. 이때 도움이 되는 것이 '3가지 WHAT'이다.

문제를 검토할 때 다음 3가지 WHAT을 이용해 질문을 반복하자.

① What Happened? 무슨 일이 일어났는가?
② So What? 그래서? 무슨 의미인가?
③ Now What? 어떻게 할 것인가? 지금 무엇을 할 수 있는가?

주의할 점은 문제 해결을 위해서 사람이 아닌 '행동'에 초점을 맞춰야 한다는 것이다. 즉 그 행동을 하도록 만든 상황과 환경에 주목하자.

이를테면 "왜 기한을 어겼는가?"가 아니라, "무엇이 기한을 어기도록 만들었는가?"라고 자문한다. 이것을 반복하면 프로세스 개선이나 시스템 구축 등 구체적인 해결책이 보인다.

단순히 "왜?"라고 생각하면 부정적인 말과 변명이 늘어난다. 무엇을 이유로 '할 수 없어'라고 결론을 낸다. 그러나 'WHAT'을 효과적으로 이용하면 앞으로 나아갈 수 있다.

다른 사람으로부터 부정적인 말을 들었을 때도 "그래서?", "지금 무엇을 할 수 있을까?"라고 자신에게 질문하며 긍정적으로 생각하고 행동하는 자세도 중요하다.

> **POINT**
>
> 문제 해결을 위해서는 사람이 아닌 행동에 초점을 맞춘다.

07

당신에게 '당연한' 것이 누군가에게는
'당연하지 않을' 수 있다

"예? 3시까지 제출이었나요? 오늘 저녁까지 드리면 되는 줄 알았습니다. 지금 당장 하겠습니다."

서로 생각이 다른 탓에 오해가 생기는 경우가 있다. 인식 차이에서 비롯된 생각지 못한 실수는 사람과의 관계나 커뮤니케이션이 원인이다. 확인을 게을리하는 바람에, 선입견이나 착각 때문에 일어나는 실수다.

우리는 다양한 사람들과 일한다. 사람들은 저마다 성격, 화법, 사고방식이 다르다. 처지와 능력이 다르고 이해관계도 다르다. 자신에게 '당연한' 것이 다른 사람에게는 '당연하지 않은' 경우도 있다.

주의할 점은 이야기의 전제를 확인하는 것이다. 커뮤니케이션 과정에서 '인식의 어긋남'이 일어나지 않도록 상대와 이야기의 전제를 확인하자. 만일 이야기의 전제가 서로 다르면 '인식의 어긋남'이 일어나 오해와 실수가 생긴다.

이처럼 문제가 일어나는 사태를 방지하려면 상대의 처지에서 생각해봐야 한다. 일을 부탁받았을 때 '상대가 어떤 전제에서 이야기하고 있는가?', '반드시 지켜야 할 규칙과 규정이 있는가?', '이 용어는 어떤 의미로 사용되고 있는가?'를 생각하며 업무의 최종적인 이미지를 확인하자.

예컨대 상사가 당신에게 '회의 자료 작성'을 의뢰했다. 그럼 '일의 목적은 무엇이고, 어떤 정보를 어떤 구성으로 만들어야 하는가?' 같은 개념과 내용을 상사에게 확인하는 것이 중요하다.

기본적으로 최종 결과물의 이미지는 업무를 의뢰한 사람의 머릿속에 있기 마련이다. 자신의 생각대로 최종 결과물을 설정해서 상대가 원하는 것과 다른 결과물을 만들면 일을 두 번 해야 한다.

그러므로 의뢰인에게 확인한 내용과 정보를 바탕으로 눈에 보이는 형식을 만들자. 이를테면 그림, 도표, 문자로 그려보고 그것이 옳은지, 오해나 인식의 어긋남은 없는지 확인하는 자세가 중요하다.

> **POINT**
> 당신에게 '당연한' 것과 상대방에게 '당연한' 것은 서로 다르다.

08

신속한 메시지 공유와
정확한 의사소통을 위한 4가지 원칙

· · ·　　상대에게 분명히 전했다고 생각했는데 전해지지 않은 경우가 있다. 그 이유는 당신과 상대방이 서로 다른 기준에 따라 대화하기 때문이다. 업무에 대한 처지, 상황, 경험, 지식, 사고방식, 가치관, 상식이라 생각하는 것은 사람마다 다르다. 그러므로 의사소통과 정보 공유를 원활히 하기 위해서는 먼저 상대방의 기준과 자신의 기준이 다름을 이해하자. 그리고 상대방의 기준(처지)에서 이야기를 진행하거나 자신의 기준을 상대

방에게 이해시킬 필요가 있다.

이야기가 제대로 전해지지 않는 상황을 살펴보면 화자가 청자에게 이야기를 전했다고 착각했거나 청자가 화자의 이야기를 이해했다고 착각한 경우도 많다. 예컨대 너무 긴 이야기나 장문의 이메일, 모호한 설명, 이해하기 힘든 자료는 청자에게 화자의 의도를 제대로 전하지 못한다. 따라서 화자는 메시지를 전할 때 반드시 다음과 같은 원칙을 명심해야 한다.

짧게 전한다

'무엇을, 언제까지, 어떻게' 해주길 바라는지 상대에게 단도직입적으로 전한다. 또한 그것을 '왜' 해야 하는지 알리자.

결론을 먼저 말한다

비즈니스 커뮤니케이션에서는 'PREP'를 의식한 구성으로 이야기해야 상대가 잘 이해할 수 있다.

P POINT	요점·결론을 먼저 말한다
R REASON	이유를 말한다
E EXAMPLE	구체적인 예를 들면서 보충 설명을 한다
P POINT	요점·결론을 다시 한 번 전한다

이미지를 이용한다

영어에는 "A picture is worth a thousand words(그림 한 장은 말 1,000개의 가치가 있다)"라는 표현이 있다. "백문이 불여일견"과 비슷한 의미로, 말보다 이미지를 이용하는 편이 메시지를 전하는 데 효과적이라는 뜻이다. 이것은 비즈니스 커뮤니케이션도 마찬가지다.

상대가 이해한 내용을 확인한다

자신은 공유를 했다고 생각하지만 실제로는 전해지지 않은 상황, 즉 커뮤니케이션의 어긋남을 줄여야 한다. 요컨대 청자가 당신이 말한 의도를 제대로 이해했으며 그 의도에 맞게 행동할 수 있을지 확인해야 한다. 서로 확인한 내용을 문자나 이미지로 구체화해 문서로 만드는 것이 좋다.

① **레벨 1—들렸다**

청자가 일단 고개를 끄덕이며 "알았습니다"라고 대답할 수 있다.

② **레벨 2—이해했다**

청자가 당신의 의도를 자신의 표현으로 설명할 수 있다.

③ **레벨 3—행동했다**

청자가 당신의 의도에 맞게 행동할 수 있다.

커뮤니케이션의 구조를 이해한다

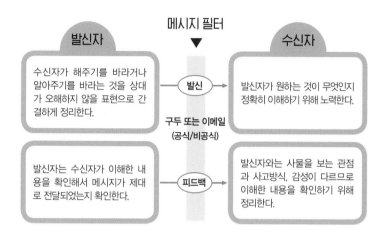

※ **주의** : 지식, 경험, 문화, 언어/비언어, 태도, 화법 등에 따라 보낸 정보나 메시지가 필터링이 될 수 있음을 의식해야 한다.

사람은 모두 다르다는 대전제를 항상 염두에 두고 소통해야 한다. 커뮤니케이션의 구조를 이해하면 업무를 원활히 진행할 수 있다.

> **POINT**
>
> 상대는 나와 다름을 염두에 두고 확인을 한다.

요약하기

- 스마트 골을 이용해 목표를 명확히 한다.

- 최종적인 성과를 얻기 위해 필요한 작업을 역산해 생각한다.

- 간트 차트는 프로젝트와 팀 단위 업무를 관리할 때 편리하다.

- 자신이 업무를 끝내길 기다리는 후공정의 사람이 있음을 자각한다.

- 문제가 일어난 뒤에 상담하면 늦다.

- 문제를 해결하기 위해 사람이 아닌 '행동'에 초점을 맞춘다.

- '나와 다른 사람의 인식은 다르다'는 대전제 아래 커뮤니케이션을 한다.

- 메시지 수신자가 당신의 의도를 제대로 이해했고, 그 의도대로 행동할 수 있는지 확인한다.

9 장

우리의 시간은 돈보다 더 귀하다!

– 최소한의 노력으로 최대 성과를 만드는 법

CHECK LIST

☐ 시간의 중요성을 자꾸 잊어버린다.

☐ 집중해서 일하지 못한다.

☐ 만들어 내는 가치를 생각하지 않고 그저 눈앞에 있는 작업을 한다.

☐ 아무나 할 수 있는 업무에 전념하고 있다.

☐ 눈앞의 과제를 해결할 생각만 한다.

☐ 이상적인 일정을 머릿속에 그리지 못한다.

☐ 점점 자신감을 잃고 있다.

☐ 자신의 성장을 확인할 방법이 없다.

☐ 생각만 할 뿐 실행으로 옮기지 못한다.

01

시간을 어떻게 이용하느냐에 따라
당신이 만드는 가치가 달라진다

· · ·　시간은 돈과 마찬가지로 귀중한 것이므로 낭비해
서는 안 된다고 배운다. 그러나 명언 "시간은 금이다"의 원문
"Time is Money"에는 다른 의미가 있다. 이 말은 미국의 정치
가 벤저민 프랭클린이 젊은 상인에게 조언한 편지의 한 구절로
그 내용을 옮기면 다음과 같다.

"시간은 금이라는 사실을 기억해두십시오. 하루를 일하면 100

원을 벌 수 있다고 가정해보겠습니다. 만일 당신이 반나절 동안 일을 안 하고 어딘가에 가서 60원을 이용했다면 단순히 60원을 이용한 것이 아니라, 본래 얻을 수 있던 반나절 동안의 수입 50원도 잃은 셈이 됩니다."

포인트는 실제로 이용한 비용뿐 아니라 다른 일을 했으면 얻을 수 있던 이익도 잃었다는 것이다. 요컨대 시간을 어떻게 이용하느냐에 따라 만들 수 있는 가치가 크게 달라진다는 말이다.

이 개념은 업무에도 적용된다. 안 해도 되는 일에 시간을 썼다면 노력과 시간을 낭비한 것에 그치지않는다. 본래 할 일을 했다면 얻을 수 있던 성과도 거두지 못했음을 의미한다. 즉 노력과 상관없이 성과를 못 냈을 뿐이다. 따라서 한정된 시간을 무엇에 이용할지 생각하는 것은 매우 중요하다.

시간을 예산처럼 관리한다

예산이란 들어오는 돈(수입)과 나가는 돈(지출)을 계획하는 일이다. 예컨대 쇼핑 예산이 있고 원하는 물건을 발견했지만 예산을 초과하면 구입을 포기한다.

시간도 돈처럼 예산 관리를 해야 한다. 우리에게는 하루 8시간 이라는 정해진 근무 시간(수입)이 있다. 이 시간을 어떻게 이용할지(지출) 진지하게 생각해보자.

근무 시간 안에 일이 끝나지 않으면 시간 부채가 생긴다. 그리고 이것이 반복되어 시간이 지날수록 할 일이 쌓이면 업무 전환도 늘어나 효율이 더욱 악화되며, 업무 종료까지 더 많은 시간이 걸린다. 한마디로 '이자'가 붙는다.

시간은 평등하다. 나의 1분과 당신의 1분은 똑같다. 같은 시간을 어떻게 이용할지 고민하자. 이미 써버린 시간은 절대 되찾지 못하므로 남아 있는 시간에 주목해야 한다.

다만 절약이 어렵듯 시간을 자신의 의지로 잘 활용하는 것도 간단한 일이 아니다. 씀씀이가 큰 친구가 주위에 있으면 자신도 모르게 분위기에 휩쓸려 돈을 함께 마구 쓰게 되는데 시간도 마찬가지다. 전화기를 붙잡고 장시간 소통하는 일이 많거나 목적을 알 수 없는 미팅에 계속 참가하고 있다면 어느 시점에 끊어야 한다.

이를 위해 캘린더를 활용해 일정을 짜고 무엇에 얼마나 시간을 이용할지 관리하가는 것이 중요하다.

POINT
써버린 시간은 돈과 달리 되찾을 수가 없다.

02

시간과 가치를 기준으로 '단시간에 부가가치를 낳는 업무'로 채워라

• • •　한정된 시간 안에 효율적으로 성과를 올리려면 가치를 낳는 업무에 집중해야 한다. 그러므로 '시간'과 '가치'를 기준으로 업무를 정리하는 것이 중요하다.

시간과 가치를 기준으로 업무를 정리한다

가장 이상적인 모습은 당신의 일정이 '단시간에 끝나는, 높은 부가가치를 낳는 업무'(①)만으로 채워지는 것이다. 이를 위해서는 생산성이 낮은 업무를 그만둬야 한다. 즉 가치가 낮은 업무(③, ④)를 줄이는 것이다. 그럼 자연스럽게 가치를 낳는 업무(①과 ②)의 비율이 높아진다.

가치를 낳고 있지만 시간이 너무 오래 걸리는 업무(②)를 단시간에 끝낼 수 있도록 효율화하는 것도 중요하다.

'시간'과 '가치'를 기준으로 업무를 정리한다

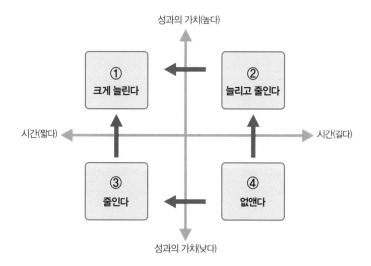

가치를 낳는 업무란 무엇인가?

가치를 낳는 업무는 회사와 사람에 따라 다르다. 고객을 위해, 이익을 올리기 위해, 자신을 위해 등 관점에 따라서도 다양하다. 또한 성과는 직종에 따라서도 달라진다. 하나의 기준은 업무의 금전적 가치를 따져보는 방법이다. 이 업무를 다른 사람에게 부탁한다면 얼마를 줘야 할지 생각해보라.

워크시트를 이용해 당신이 하는 업무의 가치를 측정해보자.

가치를 만들어내는 할 일 일람표

해야 할 일	비용	소요 시간	시간당 비용	순위

먼저 할 일 목록을 작성한다. 그리고 다른 사람에게 그 일을 의

뢰할 경우 청구될 비용과 일정(소요 시간)을 기입한다. 비용을 소요 시간으로 나누어 시간당 단가를 검토한 뒤 이를 기준으로 순위를 정한다.

순위가 높을수록 가치가 있는 업무다. 영향력이 크고 다른 사람에게 의뢰하기 어려운 업무이기도 하다. 한편 순위가 낮은 업무는 누구나 할 수 있는 정형적인 업무다.

당신이 직접 해야 할 일인지, 다른 사람에게 의뢰해야 할 일인지 검토하자. 당신이 아니면 할 수 없는 일에 집중해서 창출할 수 있는 가치를 높여라.

POINT
오직 나만이 할 수 있는 가치 높은 업무에 집중한다.

03

ECRS 원칙, 최소한의 노력으로 최대한의 효과를 거둘 수 있다

 시간을 효과적으로 관리하기 위해서는 효율을 높이는 것이 중요하다. 효율을 높이려면 낭비와 손실을 줄이고, 최고의 성과를 낼 수 있는 최소의 노력을 기울여야 한다.

효율을 높이는 좋은 방법은 'ECRS' 원칙에 따라 업무를 개선하는 것이다.

① E (배제, Eliminate)

—애초에 성과로 연결되지 않는, 할 의미가 없는 일은 하지 않는다.

② C (결합과 분리, Combine)

—비슷한 업무는 결합해서 같은 시간에 한다.

관계없는 일은 따로 한다.

③ R (교체와 대체, Rearrange)

—업무의 순서나 타이밍을 조정한다.

작업하는 장소나 담당자를 바꾼다.

④ S (간소화, Simplify)

—업무의 자동화나 표준화를 진행해 간소화한다.

이 네 가지 관점에서 당신이 맡고 있는 업무를 되돌아보자. 먼저, 필요 없는 작업을 그만둔다. 반복적으로 진행하는 작업 횟수와 노력을 줄이고, 업무의 절대량을 감소시킨다. 예컨대 유명무실화된 보고회의를 그만하거나 비슷한 회의를 따로 열지 않고한 번에 몰아서 한다. 회의 자료는 사전에 이메일로 공유해서 회의 당일 설명 시간을 줄이고, 발표 자료와 보고서는 서식을 활용해 작성 시간을 단축한다. 그다음 효율을 높이는 업무, 현재 상황을 개선할 수 있는 업무를 늘려나간다.

준비를 하거나 계획을 세운다.

자료와 보고서 서식을 작성한다.

표준화 자료를 작성한다.

체크리스트를 작성한다.

업무를 되돌아보고 개선책을 강구한다.

업무 스킬 향상에 힘쓴다.

이렇게 하면 작업을 바로 시작할 수 있고 속도가 빨라진다. 또한 무엇을 어디까지 해야 좋을지 알 수 있고, 원만한 의사소통을 통해 오해와 리소스 손실이 줄어들며, 결과물이 만족스럽지 못해 다시 작업하는 일도 줄어든다.

최소한의 노력으로 최대한의 효과를 지향하는 것이 중요하다.

> **POINT**
> 업무의 절대량을 줄인 뒤 효율을 높이는 업무를 늘린다.

04

이상적인 일정과 현실적인 일정을
비교하고 원인을 분석하라

· · ·   처음 세웠던 계획과 실제 일정이 다른 경우는 종종 있다. 그러나 계획대로 되지 않더라도 비관할 필요는 없다. 이상적인 일정을 생각하는 것이 중요하다. 이상과 현실의 괴리를 알면 어떻게 해야 그 괴리를 줄일 수 있을지 구체적으로 생각할 수 있기 때문이다.

다음은 이상과 현실의 일정 사이 간극을 메울 수 있는 시간관리 방법이다.

되고 싶은 자신의 일정을 짠다

평소 이용하고 있는 캘린더와 별개로 '시간 예산 캘린더'를 만든다. 이 캘린더에는 시간의 예산 관리가 잘되고 있는 상태, '이런 일정으로 일을 진행할 수 있다면 좋겠네'라는 이상적인 일정을 짠다.

실제 자신의 일정을 준비한다

시간 예산 캘린더의 일정을 평소 이용하는 캘린더에 복사한다. 그리고 업무를 진행하는 가운데 갑자기 잡힌 회의, 문제 대응, 연장된 미팅 시간 등 실제로 발생한 일정이나 활동을 바탕으로 일정을 변경하고 캘린더에 반영한다.

되고 싶은 자신과 실제 자신의 일정을 비교하고 돌아본다

실제 자신을 나타내 평소 이용하는 캘린더와 시간 예산 캘린더를 겹쳐서 표시하고, 어떤 차이가 있는지 특정한다.

차이가 발생한 원인과 대책을 생각한다

각각의 일정에서 차이가 발생한 원인을 검토한다. 무엇 때문에 시간이 오래 걸렸는가? 왜 일찍 끝났는가? 소요 시간의 견적 자체에 문제가 있었는가? 등 원인을 규명한다.

그다음 어떻게 해야 차이를 좁힐 수 있을지 구체적인 대책을 궁리한다. 갑자기 들어온 일정에 대응할 수 있도록 빈 시간을 늘릴 필요가 있는지도 검토한다.

이처럼 시간 예산 캘린더와 비교하면 계획했던 대로 시간을 이용하기 위한 구체적인 개선책을 계획할 수 있다. 또한 정말로 자신이 하고 싶은 일에 몰두하고 있는지도 확인할 수 있다.
업무를 효율적으로 달성하기 위한 길잡이로 '시간 예산 캘린더'를 활용해보자.

> **POINT**
> 이상과 현실 사이에 어떤 차이가 있는지 분석하고 개선한다.

되고자 하는 이상적인 일정(시간 예산 캘린더)

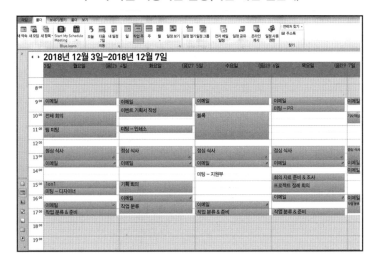

실제 일정

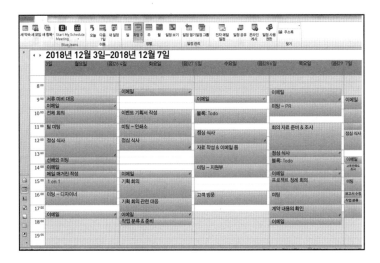

이상적인 일정과 실제 일정을 비교한다

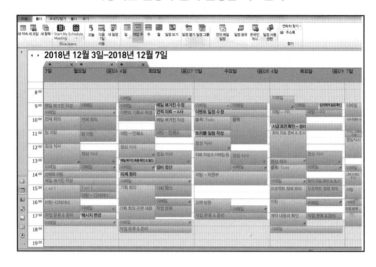

05

당신의 일정표에 성과를 기록해서
자신을 긍정적으로 바라보자

• • •　　일정을 되돌아보는 것은 매우 중요하다. 시간 예산 캘린더와 비교해서 이상과 현실의 차이를 알면 개선책을 계획하고 실행할 수 있기 때문이다. 장점은 이뿐만이 아니다.

누구나 일을 하다 보면 '괜찮으려나?' '내가 정말 할 수 있을까?' 라며 불안해질 때가 있다. 새 업무에 겁을 먹고 뒷걸음질 치는 사람도 많이 봤다. 이때 자신감을 다시 회복하기 위해서는 자신이 해낸 일, 즉 업무 성과를 일정표에 기록하면 도움이 된다.

규모가 큰 업무일 필요는 없다. 작은 업무라도 성과는 성과다. 어쨌든 성과를 달성한 경험을 축적하는 것이 중요하다. 그리고 일정표를 되돌아보면서 성공 체험을 되새기는 것이다. 그럼 '생각보다 내가 유능한데?'라고 자신을 긍정적으로 바라보고 자신감을 품게 된다. 다시 말해 '나라면 할 수 있을 거야'라며 의욕적으로 업무에 임할 수 있다.

성과뿐 아니라 어떻게 과제를 해결하고 개선했는지 캘린더에 기록해놓자. 이 과정에서 새로운 깨달음과 배움을 얻을 수 있으며, 비슷한 과제에 직면했을 때 신속하게 대처할 수 있다.
캘린더 활용은 업무 계획과 관리, 성장의 속도를 높여준다.

POINT
캘린더를 적절히 이용하면 배움과 성장의 속도를 높일 수 있다.

06

'한정된 시간' 안에 '할 일'을 하고
'성과'를 낼 것!

• • • 　　업무 일정 관리의 목적은 일정을 짜는 것이 아니다.
시간을 효율적으로 이용해서 허둥대거나 늦어지는 일 없이 한정
된 시간 안에 성과를 내는 것이다. 즉 일정 계획보다 '실행'이 더
중요하다. 일정 관리에도 'PDCA'를 적용할 수 있다.

① P (Plan) 계획을 세운다

② D (Do) 실행한다

③ C (Check) 평가한다

④ A (Action) 개선한다

먼저 계획(P)을 상세하게 세워놓았는데 갑자기 새로운 업무가 들어오는 경우가 있다. PDCA 사이클의 계획(P)에 시간을 들여도 실행(D)으로 옮기지 못하는 상황이 되는 것이다.

그러므로 계획(P)을 세우는 데 많은 시간을 할애하지 말고 대략적인 일정을 짠 다음 즉시 실행해보자.

그다음 지나간 일정을 되돌아보고(C) 여기서 얻은 교훈과 배움에 따라 일정을 짜는 방식을 개선한다(A). 그 결과 전보다 시간을 더 효과적으로 활용하고 성과를 올린다.

먼저 이 책에서 소개한 방법을 시험해보자. 실제로 행동에 옮겨보면 머리로 생각했던 것과 다른 결과를 얻는 체감을 할 수 있다. 그다음 그것을 평가하고 개선한다. 이 사이클을 반복적으로 돌리면 당신의 일정이 최적화될 수 있다.

이와 함께 급격히 변하는 상황과 환경에 유연하게 대응할 수 있는 'OODA' 루프를 소개한다.

① O (Observe) 관찰한다
② O (Orient) 상황을 판단하고 방향을 설정한다
③ D (Decide) 행동 계획을 결정한다
④ A (Act) 행동한다

계획, 실행, 점검을 중시하는 PDCA와 다르게 OODA는 관찰과
상황 판단에 중점을 두고 유연한 결정과 실행을 우선시한다.

일단 실행을 권하지만, 곧장 행동하기보다 신중하게 판단한 뒤
실행하고 싶다면 OODA를 활용해 자신의 일정 관리 상황을 관
찰해도 된다. 원만한 진행 요소와 해결이 필요한 과제가 무엇인
지 파악하고 이를 바탕으로 진행하는 것도 방법이다.

POINT
PDCA든 OODA든 일단 실행해보자.

요약하기

- 시간을 돈처럼 예산 관리한다.

- 금전적 가치를 기준으로 자신이 해야 할 업무를 결정한다.

- 업무의 절대량을 줄인 다음 업무 개선에 들어간다.

- 시간의 예산 관리가 잘되고 있는 이상적인 캘린더와 현실의 캘린더 사이의 차이를 메운다.

- 일정표에 기록한 성과를 되돌아보면 자신감이 붙는다.

- 일정을 계획하는 것보다 '실행'이 더 중요하다.

당신의 시간관리 능력을
꾸준히 업데이트하라!

"큰일 났네… 시간관리에 대한 책을 쓰는데 정작 내가 마감일을
지키지 못할지도 모르겠어." 마케팅 업무가 최근 10년 사이 가
장 힘들었던 시기에 이 책을 쓰게 되면서 내가 과연 마감을 지킬
수 있을지 자신이 없었다. 그렇다고 포기할 수는 없었다. 사실을
바탕으로 합리적으로 생각하고 지금 할 수 있는 것을 하자고 스
스로를 독려했다. 프로인 이상 상황이 어떻든 약속한 일에서 성
과를 내야 하는 것이다.

그렇다고 문제 해결의 실마리가 번뜩 떠오르지는 않았다. 답답
한 마음에 인터넷 검색을 했는데 의외로 쉽게 답을 찾을 수 있었
다. 그것은 새로운 테크놀로지의 힘을 빌려서 나를 계속 업데이
트해가는 것이었다. 나는 이 책을 쓰는 과정에서 스마트폰 문자
입력뿐 아니라 음성 입력도 적극적으로 이용했다. 한정된 시간

안에 아웃풋을 늘리기 위해서였다.

내가 실천한 것은 지극히 단순하다. 쓸데없이 고집을 부리며 감정적으로 판단하지 않고 합리적으로 단시간에 성과를 낼 방법을 궁리해 실행했을 뿐이다. 이때 새로운 IT 기술을 활용하면 낡은 업무 방식을 업데이트할 수 있는데 디지털 캘린더가 특히 큰 도움이 된다.

이 책에서 인상 깊었던 내용은 꼭 실천해보기 바란다. 특히 디지털 캘린더를 활용하는 것은 낡은 업무 방식을 업데이트할 좋은 계기가 되리라고 믿는다.

그렇다고 모든 내용을 똑같이 따라 할 필요는 없다. 오히려 "이건 좀 아닌 듯. 나라면 이렇게 하겠어"라며 자신만의 방식을 만들어낼 때 더욱 진화할 수 있다. 이 책을 끝까지 읽은 당신은 이미 지식이 업데이트되어 있을 것이다. 업데이트에는 '이제 끝'이란 말이 없다. 업데이트는 계속 이루어져야 하며, 그것은 모두 당신에게 달려 있다.

이제 이 책에서 배운 것을 실전에서 활용해보자. 나는 당신이 해낼 수 있다고 믿는다. 마지막까지 이 책을 읽어준 당신에게 진심으로 감사의 인사를 전한다.

일의 습관

초판 1쇄 발행 2021년 8월 3일

지은이 이다 요시히로
옮긴이 김정환
펴낸곳 (주)에스제이더블유인터내셔널
펴낸이 양홍걸 이시원

블로그·인스타·페이스북 siwonbooks
주소 서울시 영등포구 국회대로74길 12 남중빌딩 시원스쿨
구입 문의 02)2014-8151
고객센터 02)6409-0878

ISBN 979-11-6150-502-2 03190

독자 여러분의 투고를 기다립니다.
책에 관한 아이디어나 투고를 보내주세요.
cho201@siwonschool.com